Guy MacDonald

Noch mehr verrückte Fakten für coole Jungs

Warum schmecken Popel so gut?

Guy MacDonald

Noch mehr VERRÜCKTE FAKTEN für coole Jungs

Aus dem Englischen von
Tamara Bartl

Ravensburger Buchverlag

Als Ravensburger Taschenbuch
Band 53144
erschienen 2019

1 2 3 4 5   E D C B A

Übersetzung: Tamara Bartl
Innenillustrationen: Niki Catlow
Umschlaggestaltung: Bianca Schaalburg
Redaktion: Tamara Reisinger

Printed in Germany

ISBN 978-3-473-53144-8

www.ravensburger.de

Inhaltsverzeichnis

Warum gibt's denn für diese Dinge kein Wort?

Das seltsam angenehme Gefühl, wenn du ganz dringend aufs Klo musst.

Das Gefühl der Enttäuschung, wenn du zweimal dasselbe Geschenk bekommst.

Einen Juckreiz, den du nur wegbekommst, wenn du an einer anderen Stelle des Körpers kratzt.

Der Schreck, wenn du in der Klasse tagträumst und der Lehrer plötzlich deinen Namen sagt.

Der besonders leckere Geschmack von Essen, wenn du davon nur einen Bissen haben kannst.

Das distanzierte Gefühl, das sich im Kopf breitmacht, wenn du etwas vor vielen Menschen laut vorlesen musst.

Die Zuneigung, die du für jemanden hast (meistens Bruder oder Schwester) und nur dadurch zeigen kannst, dass du ihn nervst.

Das beschämende Gefühl, wenn du von den Eltern eines Freundes getadelt wirst.

Vor einer Milliarde …

Vor einer Milliarde Sekunden waren deine Eltern selbst noch Kinder.
Vor einer Milliarde Minuten boomte das Römische Reich.
Vor einer Milliarde Stunden lebten die Neandertaler in Europa und Asien.
Vor einer Milliarde Monaten herrschten die Dinosaurier über die Erde.
Vor einer Milliarde Jahren entwickelte sich primitives Leben.

Was ist der Unterschied zwischen Tangerinen, Satsumas, Clementinen und Orangen?

Orange
Eine Kreuzung zwischen einer Pampelmuse – das ist eine zartgrüne Frucht, die größer als eine Grapefruit ist – und einer Mandarine. Eine Grapefruit ist übrigens eine Kreuzung zwischen einer Pampelmuse und einer Orange.

Mandarine
Sieht ähnlich aus wie eine etwas platt gedrückte Orange.
Die Mandarine gibt es in zahlreichen Sorten, wie zum Beispiel die Tangerine, Satsuma und Clementine.

Tangerine
Hat eine Orangenhaut, die man leicht abschälen kann. Obwohl sie kleiner ist als eine Orange, ist sie für ihre Größe trotzdem ziemlich schwer. Der Name „Tangerine" kommt ursprünglich aus Tanger, einem Hafen in Marokko, von dem aus die ersten Tangerinen nach Europa verschifft wurden.

Satsuma
Süß, kernlos und kleiner als eine Orange. Sie wurde erstmals aus
Satsuma, einer Provinz in Japan, exportiert, wo Satsumas *mikan*
genannt werden.

Tangor
Eine Kreuzung zwischen Tangerine und Orange. Ihre dünne Schale
kann man ganz leicht schälen. Darunter findet sich ein helloranges
Fruchtfleisch, das würzig-herb schmeckt.

Clementine
Glatte, glänzende und kräftige Orangenschale, die dünn und einfach
zu schälen ist. Die Clementine lässt sich ganz leicht in 8 bis 12 saftige,
süß schmeckende Stücke aufteilen.

Die Schichten der Erdatmosphäre

Troposphäre . . . . 0 bis 14,5 km über der Erde
Stratosphäre . . . . 14,5 bis 50 km über der Erde
Mesosphäre. . . . . 50 bis 85 km über der Erde
Thermosphäre. . . . . 85 bis 600 km über der Erde
Exosphäre . . . . mehr als 600 km über der Erde

Das Weltall beginnt 100 Kilometer über
der Erdoberfläche.
Die Linie, bei der das Weltall beginnt,
heißt Kármán-Linie.

Echte Schallwaffen

Schallwaffen sind Waffen, bei denen Schallwellen verwendet werden, um Feinde abzuwehren oder zu verletzen.

Infraschall-Sirene

Moderne Kreuzfahrtschiffe benutzen manchmal Infraschall-Sirenen, um Feinde abzuwehren. Die niedrige Frequenz des Schalls kann Betonwände zerbröckeln lassen und Menschen schwer krank machen.

Waffen zur Abwehr von Kampfschwimmern

Ein Schiff kann sein Navigationssonar von sich geben, um feindliche Taucher von einem Angriff abzuhalten. Diese Schallwellen verwirren die Taucher so sehr, dass sie in Panik geraten und auftauchen müssen.

Schallkugeln

Diese starken Ultraschallstrahlen werden bis zu 145 Dezibel laut – das ist ungefähr so laut wie ein startendes Flugzeug. Die Schallwellen bringen Menschen dazu, auf der Stelle stehen zu bleiben.

Infraschallpistole

In den 1950er-Jahren wurde die Infraschallpistole sofort als „beinahe tödlich" eingestuft, als die Testpersonen innerlich zu bluten begonnen hatten. Die Pistole hatte selbst mit niedriger Kraft das Labor noch ordentlich durchgeschüttelt.

Die Klinge einer Guillotine benötigt nur 1/50 einer Sekunde, um den Kopf vom Hals zu trennen. Allerdings kann es bis zu 7 Sekunden dauern, bis das Gehirn realisiert, dass der Kopf abgetrennt wurde.

Darauf solltest du beim Planschen im Meer am besten nicht treten

Portugiesische Galeere . . . . Qualle mit nesselnden Tentakeln

Feuertang . . . . Giftige Bakterien, die sich als Pflanze tarnen

Feuerkoralle . . . . Sieht aus wie eine Koralle, hat jedoch nesselnde Tentakel

Steinfisch . . . . Sieht zwar aus wie ein Stein, hat aber giftige Stacheln

Seeigel . . . . Hat giftige Stacheln, die abbrechen und in deinem Fuß stecken bleiben

Stachelrochen . . . . Fisch mit einem messerscharfen Rücken und einem Stachel am Schwanz. Stachelrochen halten sich gerne am Meeresboden auf

Blaugeringelter Krake . . . . So groß wie ein Tennisball, sein Gift ist allerdings stark genug, um einen Menschen innerhalb von Minuten zu töten

Puh – Der Käse stinkt aber …

Vieux Boulogne [*Wjö Bulonje*]
Pont-l'Évêque [*Pon lewek*]
Munster [*Mösteh*]
Camembert [*Kamonbär*]
Gammelost
Limburger
Brie de Meaux [*Bri dö Mjö*]
Roquefort [*Rokfor*]
Reblochon [*Rebloschoh*]
Livarot [*Livaroh*]
Banon [*Banoh*]
Gorgonzola
Époisses de Bourgogne [*Epoessih dö Burgonje*]
Stinking Bishop (Stinkender Bischof)

Sammelgegenstände, die nicht viel kosten

Kaugummipackungen • Spucktüten aus dem Flugzeug
Chipstüten • Gummienten
Streichholzschachteln • Zugtickets
Vierblättrige Kleeblätter • Obstaufkleber
Menschliche Zähne • Knöpfe • Kugelschreiber
Kühlschrankmagnete • Getränkedosen

Wusstest du, dass Paraguay das einzige Land der Welt ist,
dessen Flagge eine unterschiedliche Vorder- und Rückseite hat?

Mondphasen

Der Mond braucht durchschnittlich 29 ½ Tage, um die Erde einmal zu umrunden. Das nennt man einen Mondmonat. Der Mond durchläuft in dieser Zeit einen vollständigen Zyklus vom Neumond zum Vollmond und wieder zurück. Hier siehst du die Phasen:

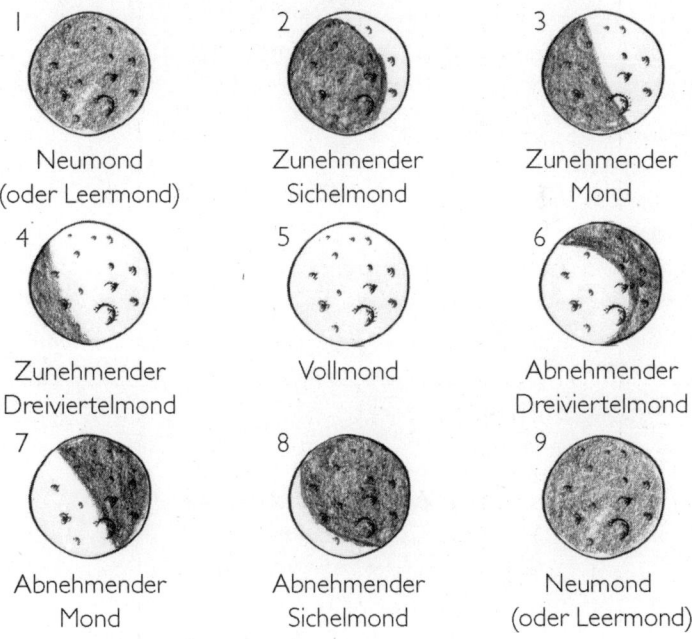

1 Neumond (oder Leermond)	2 Zunehmender Sichelmond	3 Zunehmender Mond
4 Zunehmender Dreiviertelmond	5 Vollmond	6 Abnehmender Dreiviertelmond
7 Abnehmender Mond	8 Abnehmender Sichelmond	9 Neumond (oder Leermond)

Auf der südlichen Hemisphäre (Halbkugel) ist es genau umgekehrt. Ein zunehmender Sichelmond wird als linke Seite des Mondes gesehen und ein abnehmender Sichelmond als rechte Seite des Mondes.

Giftige Pflanzen

Tollkirsche • Schierling
Stechpalme • Grüner Knollenblätterpilz
Mistelzweig • Schwertlilie • Eibe

Wie du ein Tagebuch schreibst

1. Versuche regelmäßig in dein Tagebuch zu schreiben, auch wenn du nicht jeden Tag Zeit dafür hast.
2. Finde einen ruhigen Ort, an dem dich niemand beim Schreiben stört.
3. Schreib am besten immer Datum, Zeit und Ort an den Anfang deiner Tagebucheinträge.

4. Du kannst in deinem Tagebuch auch Erinnerungsstücke wie Fotos, Kinotickets und Party-Einladungen aufheben.
5. Konzentriere dich auf das, was dir wichtig ist, zum Beispiel wen du getroffen hast, was ihr gemacht habt und wie du dich gefühlt hast. Sei dabei so ehrlich wie möglich.
6. Wenn du nicht weißt, wie du anfangen sollst, stell dir einfach vor, du erzählst deinem besten Freund, was du Tolles erlebt hast.
7. Finde ein gutes Versteck für dein Tagebuch. Du könntest es zum Beispiel tarnen, indem du den Umschlag eines langweiligen Buches verwendest und es in dein Bücherregal stellst.
8. Wenn du immer noch Angst hast, dass es jemand findet, schreib ein paar öde Einträge in ein Täuschungstagebuch und lass dieses an einem offensichtlichen Ort liegen.

Superhelden im echten Leben

Der elastische Mann
Der Brite Garry Turner kann seine Haut auf eine Länge von bis zu
15,8 cm dehnen. Wenn er die Haut an seinem Nacken nach oben
und die Haut von seiner Stirn nach unten zieht, kann er damit seinen
ganzen Kopf bedecken. Am 27. November 2004 klemmte er sich
159 Wäscheklammern aus Holz ins Gesicht und verdiente sich damit
einen Eintrag ins Guinness-Buch der Rekorde.

Herr Allesfresser
Im Jahr 1959 ist der Franzose Michel Lotito auf den Geschmack
gekommen, Metall und Glas zu futtern. Bis jetzt hat er 18 Fahrräder,
15 Einkaufswagen, 7 Fernseher, 2 Betten, 1 Paar Ski und 1 Cess-
na-Leichtflugzeug gegessen.

Der menschliche Blitzableiter
Der US-Amerikaner Roy C. Sullivan wurde ganze sieben Mal vom
Blitz getroffen. Er hat jeden einzelnen Blitzschlag überlebt, jedoch
folgende Verletzungen erlitten:
1942 – Er verlor den Nagel seiner großen Zehe.
1969 – Er verlor beide Augenbrauen.
1970 – Er erlitt Verbrennungen an der linken Schulter.
1972 – Seine Haare fingen Feuer.
1973 – Er erlitt Verbrennungen an den Beinen und seine Haare
        wurden angesengt.
1976 – Er verletzte sich am Knöchel.
1977 – Er erlitt Verbrennungen an Bauch und Brust.

Länder, die mit demselben Buchstaben aufhören, mit dem sie auch beginnen

Andorra	Elfenbeinküste
Angola	Nordzypern
Antigua und Barbuda	Norwegen
Deutschland	St. Kitts und Nevis

Wie einem Trickbetrüger das Geld aus der Tasche ziehen

1. Der Betrüger zeigt dem Publikum drei beliebige Spielkarten, von denen aber eine Karte die Dame ist.
2. Diese drei Karten werden verdeckt auf den Tisch gelegt.
3. Der Betrüger bewegt dann die Karten hin und her, ändert ihre Position und bittet das Publikum, Wetten darauf zu setzen, welche der drei Karten die Dame ist.
4. Wenn das Publikum noch skeptisch ist und zögert, platziert ein Komplize eine Wette und gewinnt.
5. Dadurch wird das Publikum ermutigt und beginnt selbst damit, Wetten zu platzieren.
6. Der Betrüger tauscht nun heimlich die Dame mit einer anderen Karte aus. So kann er sicher sein, dass die Personen im Publikum immer verlieren.
7. Damit die Leute im Publikum nicht misstrauisch werden und aufhören zu wetten, bringt der Betrüger die Dame immer mal wieder ins Spiel und lässt jemanden gewinnen. Wenn der Trickbetrüger ganz geschickt ist, wird niemand merken, dass das Ganze ein Betrug ist.

Schnelle Flieger

Wanderfalke . . . . 270 km/h
Stachelschwanzsegler . . . . 171 km/h
Fregattvogel . . . . 153 km/h
Sporngans . . . . 142 km/h
Mittelsäger . . . . : . . 129 km/h

Vogelstimmen

Waldkauz . . . . „huh-huhuhu-huuuh"
Wanderfalke . . . . „eeek-eeeek-eeeeek"
Zaunkönig . . . . „tek tek", „dzrr-dzrr", „drrrr"
Blaumeise . . . . „zi-zi-zi-zizizizi"
Spechtmeise . . . . „twiit-twiit-twiit-twuiiiiit"
Rohrdommel (Moorochse) . . . . „buubmb"
Mittelspecht . . . . „kwääh-kwääh-kwääh"
Ringelgans . . . . . . „rot-rorott", „rronk", „ack", „bi-bi-bi"
Aztekenmöwe . . . . „rä grä grä-krää", „kräähh"
Ringeltaube . . . . „gu-gu-ru-gu-gu"
Schmutzgeier . . . . *stumm*

Zehn Regeln des Duellierens

1. Du kannst dich duellieren, um deine Ehre wiederherzustellen,
   wenn dich jemand beleidigt hat.
2. Herausforderungen werden niemals nachts ausgesprochen.
3. Das Duell muss einen Monat nach der Herausforderung
   stattfinden.

4. Der Herausgeforderte darf sich die Waffe und den Ort des Duells aussuchen.
5. Jeder Mitstreiter nominiert einen „Zweiten" von gleichem gesellschaftlichen Rang. Der „Zweite" handelt als Vermittler, der zuerst versucht, die beiden Seiten miteinander zu versöhnen. Sollte das nicht möglich sein, wird er die Zeit und die Bedingungen des Duells festlegen.
6. Die Duellanten stellen sich bewaffnet in einer vereinbarten Entfernung voneinander auf.
7. Duellieren sich die Mitstreiter mit Pistolen, zählt ein Fehlschuss ebenfalls als Schuss.
8. Nach Ablauf einer gewissen Zeit oder nach einer bestimmten Anzahl an Schüssen oder Schwerthieben müssen die „Zweiten" eine neue Versöhnung versuchen.
9. Wenn sich die „Zweiten" über etwas uneinig sind, können sie sich ebenfalls duellieren. In diesem Fall stellen sie sich im rechten Winkel zu den beiden Duellanten auf, sodass sie ein Kreuz bilden.
10. Jede Wunde, die dafür sorgt, dass die Hand zittert, beendet das Duell.

Lustige Duellierwaffen
Bananen
Wasserpistolen
Mehlbomben
Schneebälle
Lichtschwerter
Sahnetorten
Papierflieger
Rückwärtssprechen

Bubblegum

Der erste Bubblegum wurde 1906 in Amerika hergestellt und hieß „Blibber Blubber".

Im Jahr 1928 verbesserte der Amerikaner Walter Diemer das Bubblegum-Rezept und kreierte auf diese Weise „Dubble Bubble" – den ersten Bubblegum, der erfolgreich verkauft wurde. Diemer gab dem Bubblegum übrigens die Farbe Pink, weil es die einzige Lebensmittelfarbe war, die er zur Verfügung hatte.

Heute werden jedes Jahr über 100 000 Tonnen Bubblegum gekaut.

Wie man eine Bubblegum-Blase macht

1. Gib ein großes Stück Bubblegum in deinen Mund.
2. Kau darauf herum, bis er dünn und dehnbar ist.
3. Spanne mit deiner Zunge den Kaugummi über die Hinterseite deiner oberen und unteren Vorderzähne.
4. Drücke die Mitte des Kaugummis zwischen deinen Zähnen hinaus und verschließe den Kaugummi mit deinen Lippen.
5. Wenn du jetzt noch Luft in den ausgedehnten Kaugummi hineinbläst, hast du ganz schnell eine Bubblegum-Blase.

Hilfe! Wie krieg ich Kaugummi aus meinen Haaren und von meiner Kleidung?

1. Reibe den Kaugummi mit einem Eiswürfel ein. So machst du den Kaugummi härter, was es für dich leichter macht, ihn wegzuzupfen und wegzukratzen.
2. Presse Zitronensaft über dem Kaugummi aus. Dadurch wird er weniger klebrig.
3. Gib ein paar Tropfen Speiseöl oder Erdnussbutter auf eine Zahnbürste und schrubbe den Kaugummi damit weg.

Orte, an denen du eine geheime Botschaft verstecken kannst

Unter einer losen Diele • In der Kerbe eines Baumes
Unter deiner Matratze • Im Vorsprung eines Kamins
Hinter einem Bilderrahmen • In einem wasserdichten
Gefäß in einem Teich

Spiele gegen Langeweile auf Autofahrten

Ich sehe was, was du nicht siehst
Schau dich um und wähle einen Gegenstand aus, den die anderen dann erraten müssen. Beschreibe den Gegenstand, indem du sagst: „Ich sehe was, was du nicht siehst, und das ist …" – zum Beispiel: blau. Die erste Person, die den Gegenstand richtig errät, ist als Nächstes an der Reihe.

Schere, Stein, Papier

Mach mit deiner rechten Hand eine Faust und bitte einen Freund, dasselbe zu tun. Zählt laut bis drei und verwendet dann zur selben Zeit eure Hände, um entweder eine Schere (Zeige- und Mittelfinger spreizen), ein Blatt Papier (eine flache Hand) oder einen Stein (eine Faust) darzustellen. Schere schlägt (schneidet) Papier. Papier schlägt (bedeckt) Stein. Stein schlägt (stumpft) Schere.

Das ABC-Spiel

Wähle eine Kategorie wie etwa „stinkende Dinge", „wilde Tiere" oder „berühmte Menschen" und suche dann nach einem Beispiel für jeden Buchstaben des Alphabets.

Als Erster bis 20 zählen

Jeder wählt etwas aus, das er zählen möchte: zum Beispiel gelbe Autos, belgische Lkws oder Vögel im Sturzflug. Der Erste, der in seiner Kategorie bis 20 gezählt hat, gewinnt.

Sing das Kilometer-Lied

Ersetze X mit der Anzahl an Kilometern, die ihr noch fahren müsst, und sing das folgende Lied: „Noch X Kilometer zu fahren, noch X Kilometer an Sorgen, noch X Kilometer in diesem alten Wagen und dort sein werden wir erst morgen."

Entschuldige dich sehr oft dafür, dass du das Kilometer-Lied singst

Sag immer wieder, dass es dir leidtut, bis ihr euer Ziel erreicht habt.

Der englische Werbeslogan „Pepsi Brings You Back to Life" (Pepsi holt dich ins Leben zurück) wurde falsch ins Chinesische übersetzt und lautete dort „Pepsi holt deine Vorfahren aus dem Grab".

Extreme Herausforderungen

Die Polar-Herausforderung
Eine 592 km lange Wanderung zum Nordpol.
Das Besondere: Eisige Bedingungen unter dem Nullpunkt.

Rallye Dakar
Ein 9000 km langes Motorsportrennen durch Nordafrika.
Das Besondere: Die Wüste Sahara.

Vendée Globe
Non-Stop-Regatta für Einhandsegler mit einer Länge von 37 000 km
rund um die Welt.
Das Besondere: Stürme.

Ultramarathon im Death Valley
Ein 217 km langer Lauf durch den Wilden Westen Amerikas.
Das Besondere: Sehr hohe Temperaturen.

Wassersafari in Texas
Dreitägiges, 421 km langes Non-Stop-Kanurennen entlang des
Colorado River bis zum Golf von Mexiko.
Das Besondere: Wirbelnde Strömungen.

Western States Trail Ride
161 km langes, 24-stündiges Pferderennen durch die Berge der
Sierra Nevada.
Das Besondere: Schmerzende Muskeln.

La ruta de los conquistadores
483 km langes, dreitägiges Mountainbike-Rennen im Dschungel von
Costa Rica.
Das Besondere: Zwei Vulkane.

Aberglaube in der Seefahrt

Glück bringt es,

... wenn man eine schwarze Katze sieht, bevor man die Segel setzt.

... wenn man ein Silberstück unter die Mastspitze legt.

... wenn man eine Schwalbe sieht.

... wenn Delfine neben dem Schiff schwimmen.

... wenn man die Feder eines Zaunkönigs, der am Neujahrstag getötet wurde, bei sich trägt.

Unglück bringt es,

... wenn man einen Blick zurück auf den Hafen wirft, nachdem man die Segel gesetzt hat.

... wenn man die Segel an einem Freitag setzt.

... wenn man einen Albatros tötet.

... wenn man Kirchenglocken hört.

... wenn man ertrinkt.

Lichtsignale in der Luftfahrt

Wenn die Funkverbindung zusammenbricht, verwendet die Flugsicherung am Boden einen Signalscheinwerfer, um Botschaften zum Flugzeug zu schicken.

Grünes Dauerlicht . . . . Landefreigabe

Grünes Blinklicht . . . . Freigabe zum Landeanflug

Rotes Dauerlicht . . . . Weiter Runden fliegen, anderem Flugzeug Vorrang gewähren

Rotes Blinklicht . . . . Flughafen unsicher, nicht landen

Abwechselndes rotes und grünes Blinklicht . . . . Gefahr, derzeitige Handlung mit Vorsicht fortsetzen

> Das Wort Television (für Fernsehen) kommt von dem griechischen Wort *tele* für „fern" und dem lateinischen Wort *visio* für „sehen".

Bewegt sich das Go-Kart?

Konzentriere dich auf die Räder des Go-Karts und bewege das Buch hin und her. Schaffst du es, dass sich die Räder bewegen?

Wer ist wer in einem Filmteam?

Produzent . . . . treibt das Geld auf
Regisseur . . . . ist für den Inhalt des Filmes
und die Schauspielleitung
verantwortlich
Drehbuchautor . . . . schreibt das Drehbuch
Location-Manager . . . . sucht die richtigen
Drehorte für den Film
Kamerabühnenmann . . . . ist für Beleuchtung und
Lichtwerk zuständig

Kamerawagenfahrer. . . . . . .bewegt den Kamerawagen
auf den Schienen
Oberbeleuchter . . . . leitet die Beleuchtungs-
abteilung
Visual Effects Supervisor . . . . macht die Special Effects
Geräuschemacher . . . . erschafft Toneffekte und
nimmt diese auf
Assistent .technischer Assistent
Baubühne . . . . Team, das in letzter Minute
noch Änderungen an der
Kulisse vornimmt

Fast sicher

Die Wahrscheinlichkeitstheorie besagt, dass die Aussage „fast sicher"
eine präzise Bedeutung hat. Es ist ein Ereignis, das mit einer Wahr-
scheinlichkeit von null nicht passiert – d.h. es ist „fast sicher", dass es
passiert, selbst wenn es noch möglich ist, dass es nicht passiert.

Versehentlich lecker

Schokoladenkekse/Chocolate Chip Cookies

In den 1930er-Jahren gab Ruth Wakefield, die Besitzerin des Toll House Inn in Massachusetts (USA), Schokoladenstückchen in ihren Keksteig und ging davon aus, dass diese einfach schmelzen würden. Die Schokoladenstückchen behielten jedoch ihre Form und statt Schokoladenkeksen hatte sie nun Butterkekse voller Schokoladenstückchen.

Cornflakes

Im Jahr 1884 arbeiteten die Brüder Kellogg in einem Krankenhaus im US-Bundesstaat Michigan und ließen versehentlich einen Topf mit einer Weizenmehlmischung zu lange stehen. Neugierig, was wohl passieren würde, gaben sie den abgestandenen Weizen trotzdem durch die Walze. Aber statt den gewohnten Teigblättern erhielten sie Flocken aus Weizen, die sie rösteten und ihren Patienten vorsetzten. Kurz darauf verkauften sie ihre leckere Erfindung unter dem Namen „Granose".

Crème Brulée

Man erzählt sich, dass die Crème brulée oder „verbrannte Creme" im 17. Jahrhundert in England erfunden wurde – lange bevor sie eine traditionelle französische Nachspeise wurde.
Nachdem jemand versehentlich eine mit Zucker bestreute Schüssel mit einer Creme anbrennen ließ, servierte der Küchenchef des Trinity College (Teil der Universität Cambridge) die karamellisierte Speise einfach als neues Gericht. An der Universität ist sie sogar heute noch als „Trinity-College-Creme" bekannt.

Heidnische Feste

Julfest . . . . .ist der kürzeste Tag des
Jahres – Wintersonnenwende

Imbolc . . . . .an diesem Tag wird gefeiert,
dass die Tage wieder länger werden –
2. Februar

Ostara . . . . .Frühlingsfest – Frühlings-
Tagundnachtgleiche

Beltane. . . . . Sommerbeginn – 1. Mai

Litha . . . . .ist der längste Tag des Jahres –
Sommersonnenwende

Lammas . . . . Erntedankfest – 1. August

Mabon . . . . . . Herbstfest – Herbst-Tagundnachtgleiche

Samhain . . . . Beginn des Winterhalbjahres –
31. Oktober

Die Richterskala

Im Jahr 1935 entwickelte der US-amerikanische Seismologe
(Erdbebenforscher) Charles Richter eine Skala zur Messung von
Erdbeben. Er nutzte dafür die Stärke der Bodenerschütterungen.
Jede Stufe auf der Skala ist zehnmal größer als die vorherige.

0 bis 2 . . . . Wird von Instrumenten/Geräten
erkannt, aber nicht von Menschen

3 bis 4 . . . . Hängelampen schwingen
hin und her, Fenster klappern

5 . . . . Im Epizentrum (Mittelpunkt des
Erdbebens) fallen Gegenstände aus den
Regalen und Fenster zerspringen

6	....	In einem Umkreis von 10 km zerbrechen
		Schornsteine und Dachziegel fallen herab
7	....	In einem Umkreis von 100 km spaltet sich
		der Boden und Rohre platzen
8	....	In einem Umkreis von 300 km
		werden Gebäude zerstört
9	....	In einem Umkreis von 1000 km
		kräuseln Wellen den Boden; Gebäude
		und Brücken fallen auseinander

Wikingernamen

Björn Eisenseite • Erik Blutaxt • Ivar der Knochenlose
Orvar-Odd • Harald Blauzahn • Sigrid die Stolze
Sigurd Schlangenauge • Halfdan der Schwarze
Rollo der Wanderer • Ingvar der Weitgereiste

So erfindest du ganz leicht deinen eigenen Wikingernamen:

1. Nimm deinen Vornamen und ergänze ihn mit dem Wort „Blut-"
   und dem Namen deiner Lieblingswaffe. Zum Beispiel: Wenn du
   Daniel heißt und deine Lieblingswaffe ein superstarker Daumen
   ist, würde dein Wikingername Daniel Blutdaumen lauten.

ODER:

2. Nimm deinen Vornamen und ergänze ihn mit dem Wort „der"
   und deiner unvergesslichsten Eigenschaft – je böser desto besser.
   Zum Beispiel: Wenn du Jakob heißt und für deine tödlichen Fürze
   bekannt bist, würde dein Wikingername wohl Jakob der Furzer
   lauten.

Der schnellste Stock gewinnt!

1. Zuallererst brauchst du mindestens einen Gegner.
2. Sammelt ein paar Stöcke in unterschiedlichen Größen und sucht euch eine kleine Fußgängerbrücke, unter der ein Bach oder Fluss durchläuft.
3. Nun sucht sich jeder einen Stock aus. Achtet aber darauf, dass ihr die Stöcke auch auseinanderhalten könnt. Ihr könntet die Stöcke zum Beispiel mit verschiedenfarbigen Bändern markieren. So wisst ihr sofort, wem welcher Stock gehört.
4. Nun stellt euch nebeneinander auf die Brücke und zwar so, dass der Fluss/Bach in eure Richtung und unter der Brücke durchfließt.
5. Bei drei lässt jeder seinen Stock ins Wasser fallen.
6. Jetzt müsst ihr nur noch schnell auf die andere Seite der Brücke laufen, um zu sehen, welcher Stock zuerst auftaucht. Der schnellste Stock gewinnt!
7. Ein guter Tipp ist übrigens, den Bach oder Fluss vor dem Spiel gut zu beobachten. So kannst du Hindernisse wie Steine oder Schilf vermeiden oder deinen Stock an einer Stelle in den Bach/Fluss fallen lassen, an der das Wasser schneller fließt.

Zaubersprüche

Abrakadabra • Hokuspokus
Sesam, öffne dich • Simsalabim

Geheimsprache

Was du sagst: „Es regnet in St. Petersburg."
Was du meinst: „Der Lehrer hört zu."

Was du sagst: „Die Gänse fliegen für den Winter nach Norden."
Was du meinst: „Triff mich nach der Schule am gewohnten Ort."

Was du sagst: „Die Rosen in Moskau sind diesen Frühling wunderschön".
Was du meinst: „Das ist die Person, die mir gefällt."

Was du sagst: „Die Züge in Berlin sind immer pünktlich."
Was du meinst: „Gib mir Deckung, bitte."

Der Äquator

Der Äquator ist eine imaginäre Linie, die auf halber Strecke zwischen den beiden Polen um die Erde geht und den Planeten in eine Nord- und eine Südhalbkugel teilt. Er ist etwa 40 000 km lang.

Diese 13 Länder liegen am Äquator:
São Tomé und Príncipe • Gabun • Kenia
Republik Malediven • Indonesien • Kiribati • Ecuador
Demokratische Republik Kongo • Republik Kongo
Uganda • Somalia • Kolumbien • Brasilien

Körperflüssigkeiten

- Eiter besteht aus abgestorbenen Bakterien und toten Blutzellen.
- Popel bestehen hauptsächlich aus Zucker; deshalb schmecken sie auch so gut.
- Du hast 250 000 Poren auf deinen Füßen, die täglich so viel Schweiß produzieren, dass du damit ungefähr zwei Espressotassen füllen kannst.
- Du versprühst beim Sprechen etwa 300 Tröpfchen Spucke pro Minute

Zug-Wörter

Zugang • Zugabe • Zugriff
Zugabteil • Zugvogel • Zugehörigkeit

Rat-Wörter

Ratte • Ratschlag • Rathaus
Ratzeputz • Ratzfatz • Raterei

Auf der Suche nach dem Orion

Der Orion ist eines der größten Sternbilder und war bei den alten Griechen als „Der große Krieger" bekannt.
Das Sternbild beheimatet den berühmten Orionnebel, der aus einer Ansammlung aus Gas und Staub besteht und mit dem bloßen Auge gesehen werden kann – und das von jedem Ort der Welt aus.

1. Wenn du dich auf der Nordhalbkugel befindest, liegt der Orion im Süden. Wenn du auf der Südhalbkugel bist, dann ist es natürlich umgekehrt.
2. Am einfachsten findest du den Orion, wenn du nach dem „Gürtel" suchst. Das sind drei Sterne, die in einer kurzen, geraden Linie angeordnet sind.
3. Wenn du dir das Sternbild nun in Form eines Kriegers vorstellst, ist der Orionnebel das „Schwert", das an seinem Gürtel angebracht ist.
4. Wenn du jetzt vom linken unteren Teil des Gürtels aus noch weiter nach links schaust, dann siehst du den Hundsstern Sirius. Du kannst ihn fast nicht übersehen, da er der hellste Stern am Himmel ist.
5. Der orange-rote Stern links oberhalb des Gürtels heißt übrigens Beteigeuze.

Popcorn

Jedes Korn Popcorn enthält eine kleine Menge Wasser. Wenn der Kern erhitzt wird, wird das Wasser zu Dampf. Dieser Dampf breitet sich aus und der Druck steigt, bis – „Pop!" – der Kern explodiert. Dabei dreht sich der Kern von innen nach außen und das Innere breitet sich aus wie weißer Schaum.

Das erste Popcorn wurde von den Indianern zubereitet, die den gepoppten Maiskörnern mit Kräutern und Gewürzen mehr Geschmack gaben. Legenden besagen, dass das Geräusch beim Aufplatzen von wütenden Getreidegeistern stammte, die herausbrachen, wenn ihnen die Kerne zu heiß wurden und sie nicht mehr darin leben konnten.

Wichtige Fakten
- Die durchschnittliche Temperatur zum Aufplatzen von Popcorn liegt bei 175°C.
- Ein Wassergehalt von 13,5 % sorgt für den optimalen Knall.
- Seit 1912 wird Popcorn auch in Kinos verkauft.
- Der Durchschnittsamerikaner konsumiert jedes Jahr etwa 51 Liter Popcorn – das sind 22 Packungen Mikrowellenpopcorn.
- Körner, die nicht aufplatzen, werden auch „alte Jungfern" genannt.

Geschmacksrichtungen von Popcorn
Salz • Zucker • Karamell • Toffee
Curry • Kirsch • Chili • Zimt
Double Chocolate • Kokos • Scharfer Senf
Nacho-Käse

Piratensprache für Anfänger

Ahoi, Schiffskameraden!
Hallo, alle zusammen.

Aye!
Ja, ich stimme zu.

Aye, aye!
Zu Befehl!

Avast!
Stopp!

Arrr!
*Ein Grummeln zum Füllen
von Gesprächspausen.*

Bienenvölker

Ein Bienenstock von Honigbienen beherbergt drei Arten von Bienen: die Königin, die Arbeitsbienen und die Drohnen. Insgesamt leben Tausende Bienen in einem Bienenstock.

Die Königin
Eine weibliche Biene, die von den Arbeitsbienen auf eine besondere Art und Weise ernährt und aufgezogen wird. Ein bis zwei Wochen nach ihrer Geburt paart sie sich mit etwa 20 Drohnen. Die nächsten zwei Jahre nutzt sie dazu, Eier zu legen.

Die Arbeitsbienen

Weibliche Bienen, die sich aus den befruchteten Eiern entwickeln. Sie machen Honig, bauen und bewachen den Bienenstock, kümmern sich um die Eier, füttern die Larven und ziehen die nächste Königin groß. Arbeitsbienen sind steril, das heißt, sie können sich nicht vermehren.

Die Drohnen

Stachellose männliche Bienen schlüpfen aus unbefruchteten Eiern und sind nur dazu da, sich mit der Königin zu paaren. Im Paarungsprozess werden ihnen die lebenswichtigen Organe herausgerissen und sie sterben. Drohnen, die diesen Prozess überleben, werden von den Arbeitsbienen getötet oder aus dem Bienenstock geworfen, woraufhin sie verhungern oder erfrieren.

Witzige Sportarten, die es wirklich gibt

Klingelspiel

Ein Dutzend Menschen bewegen sich mit verbundenen Augen in einem mit einem Seil abgesperrten Kreis. Ein Spieler hängt sich eine Glocke um den Hals und betritt den Kreis. Er ist der Einzige, der keine Augenbinde trägt, dafür sind aber seine Hände am Rücken zusammengebunden. Die Personen, denen die Augen verbunden wurden, müssen versuchen, den Spieler mit der Glocke zu fangen.

Fettiger Mast

Ein eingefetteter Telegraphenmast wird über einen Fluss gelegt und am anderen Ende wird eine Flagge gehisst. Die Spieler versuchen, abwechselnd den Mast entlang zu klettern und die Flagge zu erreichen, ohne ins Wasser zu fallen.

Schienbeintreten

Die Wettkämpfer treten einander gegen das Schienbein. Die erste Person, die zweimal hinfällt, verliert.

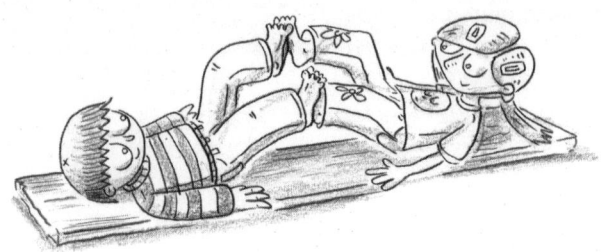

Fuß-Wrestling

Zwei Spieler liegen auf einem Holzbrett auf dem Rücken, ihre Fußsohlen berühren sich dabei. Ziel ist es, den Gegner vom Brett zu schubsen.

Das Einmaleins, um Leben zu retten

1. Atemwege freilegen
   Überprüfe, ob die Atemwege frei und nicht durch irgendetwas blockiert sind.
2. Atmung prüfen
   Stelle sicher, dass die Atmung gleichmäßig und regelmäßig erfolgt.
3. Durchblutung kontrollieren
   Kontrolliere den Puls, um sicherzugehen, dass Blut durch den Körper zirkuliert.

Was Rockstars sich so alles wünschen ...

„Ich will eine Schüssel M&Ms, die braunen müssen aber alle weg."
„Mein Essen muss immer in durchsichtiges Plastik eingewickelt werden."
„Ich will die Zwerge sofort hier haben – alle sieben!"

„Mein Kaffee muss stets gegen den Uhrzeigersinn gerührt werden."
„Die Servietten im Hotel sollen mit meinen Initialen personalisiert werden."
„Ich möchte einen Dimmschalter in meiner Garderobe."
„Ich möchte, dass mir Kaninchen und Kätzchen backstage Gesellschaft leisten."

Tierische Schlafmützen

Tier	Stunden Schlaf pro Tag
Koala	22
Kleine braune Fledermaus	19
Python	18
Tiger	15,8
Dreifinger-Faultier	14,4
Katze	12
Mensch	8
Indischer Elefant	4
Pferd	3
Giraffe	2

Ein Lied, das absolut jedem auf die Nerven geht

„Ich kenne ein Lied, das jeden nervt.
Ich kenne ein Lied, das jeden nervt.
Ich kenne ein Lied, das jeden nervt.
Und das geht so …"
[Wiederhole das Lied in einer Endlosschleife]

Die coolsten Bungeesprünge der Welt

Clifton Suspension Bridge
(England)

Der allererste Bungeesprung wurde am 1. April 1978 von der 76 Meter hohen Clifton Suspension Bridge gemacht. Das war übrigens auch die Geburtsstunde des modernen Bungeespringens.

Bloukrans River Bridge
(Südafrika)

Das ist der weltweit höchste kommerzielle Bungeesprung. Der freie Fall von der 216 Meter hohen Brücke dauert für die Springer ganze sieben Sekunden.

Der „Golden Eye"-Damm

(Grenze zwischen der Schweiz und Italien) Im James-Bond-Film „GoldenEye" aus dem Jahre 1995 sprang der Geheimagent vom Rand eines Damms in Russland. Tatsächlich befindet sich dieser Damm jedoch an der schweizerisch-italienischen Grenze, der Sprung selbst war aber echt.

Von Bungeesprüngen gelangweilt?

Bungeefall
Beim Bungeefall wird das Seil, kurz bevor du wieder vom Boden abhebst, durchgeschnitten, sodass du sicher landest.

Bungee-Trampolin
Du wirst in einem Gurt aus Bungeeseilen aufgehängt. So kannst du viel höher springen als mit einem Trampolin.

Das Katapult
Du startest am Boden und das Bungeeseil wird vom Fixierungspunkt aus gespannt. Wenn es losgelassen wird, zieht es dich mit großer Geschwindigkeit nach oben.

Brückenschaukel
Nach dem freien Fall von einer Brücke schwingst du in einem langen Bogen mit hoher Geschwindigkeit vor und zurück – wie bei einer Schaukel..

Philosophie und was dahintersteckt

Existenzialismus
Das Leben hat keine tiefere Bedeutung, also kann ich tun und lassen, was ich möchte. Da das Leben aber keine Bedeutung hat, kann ich eigentlich auch gleich gar nichts tun.

Materialismus
Es gibt nur die Dinge wirklich, die ich auch anfassen kann. Alles andere, wie Liebe, Wut oder der Glaube an Gott, kann durch physikalische Begriffe erklärt werden.

Fatalismus
Alles, was passieren wird, wurde bereits entschieden und ich habe keinen freien Willen. Da alles sowieso auf diese Art passieren wird, egal was ich tue, kann ich genauso gut auch gar nichts tun.

Relativismus

Es gibt kein Richtig und Falsch, und kein Gut und Böse. Es gibt nur Urteile, auf die wir uns einigen.

Solipsismus

Ich bin real und daher sind es auch meine Erfahrungen. Aber ob irgendwas anderes wirklich existiert, kann ich nicht sicher sagen.

Empirismus

Wahres Wissen wird durch praktische Erfahrungen erworben und nicht durch Denken.

Postmodernismus

Es gibt nichts, das für die gesamte Menschheit wahr ist. Aus diesem Grund sind wir frei, unsere eigenen Philosophien zu erfinden und auszuüben.

Wörter der Inuit für Schnee

Inupiaq ist eine Sprache, die von den Inupiaq-Inuits in Alaska gesprochen wird. Das hier sind die wichtigsten Wörter, die sie für Schnee haben:

Aniuvak . . . . Schnee an der Seite eines Abhangs
Apun. . . . . Schnee am Boden
Nutagaq . . . . Frischer Pulverschnee
Piqsiq . . . . Nasser Schnee
Pukak . . . . .Kristalliner Schnee auf dem Boden
Qanattaaq . . . . .Überhängender Schnee
Qannik . . . . Herabfallender Schnee
Silliq . . . . Harter Schnee

Offiziell blind

Eine Person ist erst dann offiziell und dem Gesetz nach blind, wenn sie einen Gegenstand in 6 Metern Entfernung selbst mit der stärksten Brille genauso klar sieht wie eine normal sehende Person, die 61 Meter weit entfernt steht.

Traditionelle Kuchensorten

Kürbiskuchen . . . . USA
Mondkuchen . . . . China
Victoria-Sponge-Kuchen . . . . England
Mohnkuchen . . . . Polen
Pavlova . . . . Neuseeland
Löffelbiskuit . . . . Frankreich
Käsekuchen . . . . .Antikes Griechenland
Schwarzwälder Kirschtorte . . . . Deutschland

---

Die Theorie der Unendlichkeit besagt, dass eine unendliche Anzahl an Affen, die wahllos auf einer Tastatur herumhaut, früher oder später sämtliche Werke von William Shakespeare abtippt.

Verschollene Schätze

Die Kronjuwelen von Marie Antoinette

Im Jahr 1792 wurden die Kronjuwelen der geköpften französischen Königin Marie Antoinette von Revolutionären gestohlen. Der Sancy-Diamant und der French-Blue-Diamant konnten nie wiedergefunden werden.

Schätze des Königs Johann

Der König von England hat seine Schätze, darunter auch die Kronjuwelen, verloren. Seine Pferde hatten aufgrund von Nebel die Orientierung verloren und die Kutsche mit den Schätzen in trübes Gewässer gezogen.

Nazigold

Im Zweiten Weltkrieg haben die Nazis in Deutschland die Schätze von Ausländern geraubt. Das Gold wurde in streng geheime Schweizer Banken überführt und nie wiedergefunden.

Der Schatz der Tempelritter

Dieser mächtige Ritterorden war der Legende nach der Beschützer des Heiligen Grals. Bis zum heutigen Tag ist der Aufenthaltsort des Heiligen Grals ein gut gehütetes Geheimnis.

> Die Chinesische Stachelbeere, besser bekannt als Kiwi, stammt aus Neuseeland.

Piratensprache für Fortgeschrittene

Ahoy, Landratte! Warum hängst du denn den Klüver?
Guten Tag, auf dem Land lebender Herr! Warum denn so schlecht gelaunt?

Der liegt für den Rest der Ewigkeit bei Davy Jones!
Er ist tot.

Beim Klabautermann! Da kipp ich mir doch noch eins hinter die Augenklappe!
(Ausruf der Überraschung) Ich werde mir noch ein alkoholisches Getränk genehmigen.

Klar Schiff machen und Anker lichten!
Vorbereiten und den Hafen verlassen!

Wie du zu einem Heiligen wirst

1. Zuerst musst du sterben. Im römisch-katholischen Glauben kannst du normalerweise erst fünf Jahre nach deinem Tod heiliggesprochen werden.
2. Örtliche Bischöfe müssen dein Leben genau unter die Lupe nehmen und alles, was sie finden, an den Papst schicken.
3. Danach verkündet der Papst, dass du ein tugendhaftes Vorbild bist.
4. Zuletzt müssen zwei nachweisbare Wunder durch dich geschehen. (Offiziell darf ein Wunder keine Täuschung beinhalten und muss die Naturgesetze außer Kraft setzen.)

Gar nicht so geheime Tagebücher

Das geheime Tagebuch des Adrian Mole, 13¾ Jahre alt
Dieses Tagebuch von Adrian Mole (mittlerweile gibt es davon sechs) stammt von der Autorin Sue Townsend und erzählt von den Sorgen eines englischen Teenagers.

Das Tagebuch des Samuel Pepys
Samuel lebte im London des 17. Jahrhunderts und verfasste seine Tagebücher in einer verschlüsselten Sprache, die erst lange nach seinem Tod geknackt werden konnte. Er schrieb über Dinge, die er selbst erlebte, darunter der Große Brand von London und öffentliche Hinrichtungen.

Das Tagebuch der Anne Frank
Anne Frank war ein deutsch-jüdisches Mädchen, das sich während des Zweiten Weltkrieges in den Niederlanden vor den Nazis versteckte. Sie verbrachte zwei Jahre in einem Hinterhaus, wo sie Tagebuch führte.

Kapitän Scotts Tagebuch
Während der Expedition zum Südpol im Jahr 1912 führte der Marineoffizier Robert Falcon Scott ein Tagebuch. Er und vier andere starben kurz nachdem sie den Südpol erreichten.

> Strauße können knapp 20 Minuten am Stück
> 72 km/h schnell laufen.

Oxymoron

Oxymora sind zwei Wörter, die zusammen verwendet werden, obwohl sie widersprüchliche Bedeutungen haben. Einerseits machen sie keinen Sinn, aber andererseits machen sie absolut Sinn.

• Lebende Tote
• Ernsthaft lustig
• Gleicher Unterschied
• Virtuelle Realität
• Fast genau
• Ohrenbetäubendes Schweigen
• Klar verwirrt

Der sechste Sinn

Intuition . . . . Ein Bauchgefühl

Déjà-vu. . . . . Das Gefühl, dass man etwas schon einmal gesehen hat

Telepathie. . . . . .Die Fähigkeit, Gedanken an eine andere Person zu übertragen

Medium . . . . .Jemand, der die Gegenwart von Geistern spüren kann

Seher . . . . .Eine Person, die in ihren Träumen in die Zukunft blicken kann

Gedankenlesen . . . . Die Fähigkeit, die Gedanken einer anderen Person zu lesen

Natürliche Frisuren

Spitzer Haaransatz . . . . V-förmige Spitze in der
Mitte der Stirn

Strubbelkopf . . . . . Wirbel von widerspenstigem Haar,
das nicht gekämmt werden kann

Haarwirbel. . . . . Ein Haarwirbel in
der Mitte der Kopfhaut

Doppelter Haarwirbel . . . . .Zwei Haarwirbel in
der Mitte der Kopfhaut

Wie weit kannst du sehen?

An einem klaren Tag
Bis zur Sonne – 150 Millionen km entfernt

In einer klaren Nacht
Bis zur Andromeda-Galaxie – 2 Millionen Lichtjahre entfernt
(Ein Lichtjahr = 9,5 Billionen km)

Mit dem besten Teleskop
Bis zu 14 Milliarden Lichtjahre

> Die schnellste Geschwindigkeit, die je mit einem Skateboard
> erreicht wurde, war 100,6 km/h. Der Skater war Gary Hardwick
> aus Kalifornien, USA.

Meerjungfrauen und Meermänner gibt es wirklich ...

England, 1167
Ein Wassermann, der an den Strand von Orford, Suffolk, gespült worden war, wurde sechs Monate lang im Orford Castle gefangen gehalten, bevor er wieder ins Meer fliehen konnte.

Polen, 1531
Fischer fingen eine Meerjungfrau in der Ostsee und übergaben sie dem König von Polen. Sie starb nach drei Tagen Gefangenschaft.

Ceylon, 1560
Passagiere an Bord eines Schiffs auf dem Weg nach Indien haben an der Westküste Ceylons (heute Sri Lanka) sieben Meermenschen gesehen. Unter den Zeugen befand sich auch der Vizekönig von Goa.

Irland, 1819
Eine junge Meerjungfrau wurde an der irischen Küste gesehen. Sie sah aus wie ein zehn Jahre altes Mädchen mit langem Haar und dunklen Augen. Ein Junge feuerte mit einer Schusswaffe auf sie, woraufhin sie zurück ins Meer flüchtete.

Heilende Kristalle

Amethyst . . . . : . . . . . . Frieden und Harmonie
Karneol. . . . . Fokus
Citrine . . . . Mentale Klarheit
Quarz. . . . . .Energie und Heilung
Bernstein . . . . .Verdauung und Fortpflanzung
Tigerauge. . . . . .Wohlbefinden und Vertrauen
Turmalin. Reinheit und Schutz

Das Yosemite-System des Bergsteigens

Das Yosemite-System des Bergsteigens stuft die Schwierigkeit von
Klettersteigen ein.

Klasse 1 . . . . Wandern
Klasse 2 . . . . .Einfaches Klettern mit
gelegentlichem Einsatz der Hände
Klasse 3 . . . . Klettern mit gelegentlichem
Einsatz eines Seils
Klasse 4 .Einfaches Klettern mit
gefährlichen Stellen und möglichen
tödlichen Abstürzen
Klasse 5 . . . . Technisches Freiklettern
Klasse 6 . . . . Künstliches oder technisches
Klettern; zum Beispiel das Hochklettern
einer steilen Wand mithilfe eines Seils
und ohne Griffe

Wie erschaffe ich mir einen Menschen

Golem
Ein Golem war in der jüdischen Legende eine menschenähnliche
Kreatur aus Lehm, die von einem heiligen Mann zum Leben erweckt
wurde. Der Golem konnte nicht sprechen und führte Aufgaben des
heiligen Mannes aus. Allerdings hatte er oft nur Ärger bereitet, weil
er eine Aufgabe zu ernst nahm.

Frankensteins Monster
Im Roman *Frankenstein* von Mary Shelley erschafft der Schweizer
Wissenschaftler Dr. Frankenstein ein Monster aus Körperteilen, die
er örtlichen Friedhöfen und Leichenhallen entnahm. Das Monster
brachte Chaos und Verwüstung, nachdem es vom entsetzten Doktor
gemieden wurde.

Homunkulus
Dem schweizerisch-österreichischen Alchemisten Paracelsus zufolge,
der im 15. Jahrhundert lebte, war ein Homunkulus ein menschen-
ähnliches Wesen, das in (wärmendem) Pferdemist geschaffen und
mit menschlichem Blut ernährt wurde. Wunderbare Kreaturen wie
Zwerge, Waldgeister und Riesen galten ebenfalls als Homunkuli.

Pinocchio
In der Kindergeschichte des italienischen Schriftstellers Carlo Collodi
wurde eine Holzpuppe des Holzschnitzers Geppetto zum Leben
erweckt. Nachdem sie sich bewährt hat, wird die Puppe namens
Pinocchio auf magische Art und Weise in einen echten Jungen
verwandelt.

Kraftakte

Liegestütze mit nur einem Finger
Auseinanderreißen eines Telefonbuchs
Biegen einer Stahlstange
Zerreißen einer Metallkette
Hochheben eines Autos
Anschieben eines Busses mit deinem Kopf
Ziehen einer Boeing 747

Die Farbe von Geräuschen

Wenn Schallwellen in Lichtwellen übertragen werden, scheinen unterschiedliche Geräusche als unterschiedliche Farben auf.

Schallwellen	*Lichtwellen*
TV-Statik, Stadtverkehr	Weiß
Rauschendes Wasser oder Meeresbrandung	Rosa/Pink
U-Bahn, laute Klimaanlage	Rot
Raum voller 5-Jähriger, die Flöte spielen	Orange
Schrilles Zischen	Blau
Normale Schritte	Braun
Natürliche Hintergrundgeräusche	Grün
Stille	Schwarz

> Eineiige Zwillinge sterben normalerweise
> im Abstand von drei Jahren.

Seltsame Freundschaften

Der Clownfisch und die Seeanemone
Da der Clownfisch gegenüber den nesselnden Tentakeln der
Anemone immun ist, hält er ihre Tentakel sauber. Als Gegenleistung
schützt die Anemone ihn daher vor Raubfischen.

Die Ameise und die Raupe
Manche australischen Raupen verfügen über spezielle Drüsen, mit
denen sie eine honigähnliche Flüssigkeit produzieren. Die Ameisen,
die diese Flüssigkeit trinken, beschützen die wehrlose Raupe vor
Parasiten.

Der Pilotfisch und der Hai
Winzige Pilotfische schwimmen in das Maul des Hais, wo sie alte
Speisereste, die sich in den Zähnen des Hais verfangen haben,
wegknabbern. Doch anstatt die schwimmenden Zahnstocher
aufzufressen, helfen die Haie den Pilotfischen, indem sie mögliche
Raubfische verjagen.

Halloween

In heidnischen Zeiten glaubte man, dass der Schleier, der die Welt
der Menschen von der Welt der Götter trennt, zu Winterbeginn
besonders dünn wird. Damals hieß es, dass am Fest Samhain
(31. Oktober) die Götter auf die Erde kamen und böse Streiche
spielten. Ängstliche Menschen haben daher Lagerfeuer entzündet
und Opfer gebracht, in der Hoffnung, dass die Götter sie in dieser
gefährlichen Zeit in Ruhe lassen würden. Heute nennen wir dieses
Fest Halloween.

Der Ritterkodex

Rette das Burgfräulein in Not
Liebe dein Land
Verteidige deinen König
Respektiere deine Rittergefährten
Lehne nie eine Herausforderung ab
Verstecke dich nicht vor deinen Feinden
Lebe ehrenvoll und kämpfe für Ruhm
Beschütze die Schwachen
Wehre dich gegen Unrecht
Erzähle keine Lügen
Beende immer alles, was du begonnen hast

Wie du eine Hexe erkennst

Früher glaubten Menschen auf der ganzen Welt an Hexen. Da die
Leute furchtbare Angst vor Hexen hatten, schrieb man irgendwann
Eigenschaften auf, an denen man eine Hexe erkennen kann. Dieses
Wissen wurde dann von einer Generation zur nächsten weiter-
gegeben. Hier findest du einige dieser Eigenschaften, die als Beweis
gesehen wurden, dass man eine Hexe ist:

Hexen sind nicht in der Lage zu weinen.
Hexen können nicht ertrinken.
Hexen können sich in Hasen verwandeln. Man kann eine Hexe nur
in dieser Form und mit einer silbernen Kugel töten.
Alle Tiere und Früchte in der Nähe des Hexenhauses werden krank
oder sterben.
Eine Hexe hat ein vertrautes, treues Tier, das nie weit von ihr
entfernt ist – oft ist es eine schwarze Katze.

Spannende Brücken

Seufzerbrücke, Venedig, Italien
Gefangene mussten die Brücke überqueren, bevor sie in ihre Zellen gebracht wurden. Es heißt, sie hätten laut geseufzt, als sie Venedig das letzte Mal in Freiheit gesehen hatten.

London Bridge, London, England
Bis 1750 war die London Bridge die einzige Brücke über die Themse. Die Köpfe von Verrätern wurden am Südtor der Brücke aufgespießt.

Brücke von Millau, Zentralmassiv, Frankreich
Am höchsten Punkt ist diese Brücke 343 Meter hoch und somit sogar höher als der Eiffelturm.

Forth Bridge, Queensferry, Schottland
Diese viktorianische Brücke ist so lang, dass sie früher immer wieder neu gestrichen werden musste – sobald man mit dem Malen am Ende der Brücke angekommen war, musste man auch schon wieder von vorne beginnen!

Golden Gate Bridge, San Francisco, USA
Bei ihrer Fertigstellung im Jahr 1937 war die Golden Gate Bridge die längste Hängebrücke der Welt. Heute hält die Akashi-Kaikyo-Brücke in Japan diesen Titel.

Mathematiker-Brücke, Cambridge, England
Gerüchten zufolge wurde die Brücke von Sir Isaac Newton konstruiert, der weder Schrauben noch Muttern verwendete, um das Holz zusammenzuhalten. Eines Nachts sollen Studenten die Brücke auseinandergenommen haben. Da sie es danach aber nicht mehr geschafft hatten, sie wieder zusammenzusetzen, musste die Brücke anschließend mit Schrauben und Muttern wiederaufgebaut werden.

Coole Gadgets

Kugelsichere Weste • Set zum Knacken von Schlössern
Enterhaken • Armbandradio • Rauchkugeln
Unzerstörbare Fahrradreifen • Infrarotbrille
Schwereloses, schwebendes Skateboard
Superstarkes Seil, das in einem Jo-Jo versteckt ist

Der einfachste Kartentrick der Welt

1. Mische den Kartenstapel direkt vor einem Freund.
2. Wirf heimlich einen kurzen Blick auf die unterste Karte und merk sie dir.
3. Nun bittest du deinen Freund, eine Karte – ganz egal welche – aus dem Stapel zu wählen und sie sich ganz genau anzusehen. Er darf sie dir aber nicht zeigen.
4. Danach nimmst du die obere Hälfte des Stapels in deine linke Hand und die untere Hälfte in deine rechte.
5. Halte deinem Freund den linken Stapel hin und bitte ihn, seine Karte ganz oben draufzulegen.
6. Lege die Karten aus deiner rechten Hand ganz oben auf den Stapel.
7. Du kannst dich nun durch den Stapel arbeiten – Karte für Karte –, bis du zu der Karte kommst, die ursprünglich ganz unten im Stapel war. Die Karte deines Freundes ist dann die nächste. Am besten gehst du hier einfach weiter, damit es so aussieht, als hättest du seine Karte verpasst.
8. Wenn du jetzt zurück zur richtigen Karte gehst, ist das Erstaunen und die Bewunderung deines Freundes noch viel größer.

Wie laut ist ein Dezibel?

0 Dezibel . . . . Hörschwelle
10 . . . . Menschliche Atmung
15 . . . . Flüstern
80 . . . . Staubsauger
90 . . . . Laute Fabrik (gesundheitsschädlich)
120 . . . . Rockkonzert
130 . . . Warnton von einem Zug oder Einsatzfahrzeug
150 . . . . Abfeuern eines Gewehres
180 . . . . Brummen eines Blauwals
250 . . . . Im Inneren eines Tornados
(für Menschen tödlich)

Eine Warnung an Piraten

Der berühmt-berüchtigte britische Pirat Kapitän Kidd wurde am 23. Mai 1701 am sogenannten Hinrichtungsdock in London gehängt. Beim ersten Versuch riss der Strick, somit musste Kidd wieder hochgezogen und erneut gehängt werden. Sein Körper wurde im Meer aufgehängt und von der Flut dreimal täglich überspült. Danach wurde dieser mit Teer übergossen, in Ketten gelegt und in einem Metallkäfig aufge- hängt. Sein verwesender Körper wurde zum Mahn- mal für alle Piraten, die London mit ihren Schiffen erreichen oder verlassen.

Wie du ein Telefonbuch zerreißen kannst

1. Nimm das Telefonbuch so in die Hand, dass der Buchrücken zu dir zeigt. Nun halte das Buch genau so, wie du es auf dem Bild siehst, und drück mit beiden Daumen in der Mitte der Längsseite nach unten.

2. Nun pack fest zu und bieg die Enden so weit nach unten, dass sich in der Mitte des Buches ein V bildet.

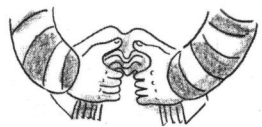 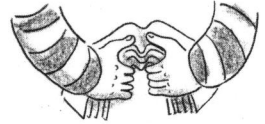

3. Versuch jetzt, dieses V beizubehalten, während du die Enden weiterhin nach unten drückst. Das machst du so lange, bis die Seiten zu reißen beginnen.

4. Jetzt musst du nur noch eine Hälfte des Telefonbuchs nach unten drücken und gleichzeitig die andere Seite nach oben ziehen, bis das Telefonbuch in zwei Teile zerreißt.

Der Weltrekord im Zerreißen von Telefonbüchern wird von Ed Shelton aus den USA gehalten. Am 18. November 2005 riss er innerhalb von drei Minuten 55 Telefonbücher von oben bis unten auseinander.

Was passiert, wenn du eine Lampe einschaltest?

Die Lichtgeschwindigkeit ist etwa 300 000 km pro Sekunde. Wenn du das auf 1 m pro Sekunde verlangsamen könntest, könntest du dabei zusehen, wie das Licht die Schatten fortjagt:

• Wenn du das Licht anknipst, passiert für kurze Zeit erst mal gar nichts.

• Nach einigen Sekunden fängt die Glühbirne an, langsam heller zu werden. Der Raum bleibt aber völlig dunkel.

• Danach breitet sich das Licht in der Glühbirne aus und schafft einen Halo-Effekt, eine Art Heiligenschein. Nach und nach dehnt sich die Lichtkugel aus, bis sie den ganzen Raum ausfüllt.

• Der Raum ist jetzt, abgesehen von den Schatten, vollständig beleuchtet.

• Nach und nach werden auch die Schatten von dem Licht, das von den Wänden reflektiert wird, verjagt.

• Wenn du das Licht wieder ausschaltest, sind die Schatten die letzten Bereiche, die stockfinster werden.

Die höchsten Berge auf dem Mars

Olympus Mons . . . . 27 km
Ascraeus Mons . . . . 11 km
Arsia Mons . . . . 9 km
Pavonis Mons. . . . . 7 km
Alba Patera . . . . 3 km

Der höchste Berg auf der Erde ist der Mount Everest,
der 8,85 km hoch ist.

Russische Weltraumhunde

Laika • Belka • Strelka
Chernushka • Veterok
Ugolyok

Amerikanische Weltraumaffen

Albert • Gordo • Able
Baker • Sam • Bonny
Scatback

Superhelden, die du vermutlich noch gar nicht kennst

Ultraman (Japan)
Ultraman ist ein 40 Meter großer Alien aus dem Nebel Messier 78. Er fliegt sieben Mal schneller als Schallgeschwindigkeit und kann nur drei Minuten auf einmal auf der Erde verbringen.

Stig (Kanada)
Stig ist ein untoter Geist, der von Dämonen attackiert wurde. Als er wieder zu sich kam, war er plötzlich in der Hölle. Dort hielten sie ihn fälschlicherweise für den maskierten Teufel, den Herrscher der Unterwelt. Stig hat die Fähigkeit, Feuerblitze von seinen Händen abzufeuern.

El Bulbo (Mexiko)
Als ein Mann seinen Fernseher mithilfe von Magie reparieren wollte, erweckte er aus Versehen alle Glühbirnen im Gerät zum Leben. Die Glühbirne El Bulbo kämpft nun als Superheld gegen seinen Erzfeind: die Glühlampe Adolfo. Er kann fliegen, auf eine enorme Größe anwachsen und zerstörerische Strahlen abfeuern.

Nagraj (Indien)
Mikroskopische Schlangen leben in seinem Blutkreislauf und verleihen ihm übermenschliche Kräfte und einen giftigen Biss. Er kann auch Schlangen aus seinen Handgelenken herausschießen lassen.

Wissenschaftler halten es für wahrscheinlich, dass das Universum vor 13,7 Milliarden Jahren entstanden ist.

Begriffe aus dem Fechten

Bout . . . . Ein Gang (Fechtkampf)

Salut . . . . Ein höflicher Gruß am
Anfang und am Ende eines Ganges

Allez . . . . Kommando zum Beginnen

Parade . . . . Ein Verteidigungsstoß

Riposte . . . . Ein Gegenstoß nach einer Parade

Esquive . . . . Ducken oder zur Seite treten,
um einem Stoß auszuweichen

Patinando . . . . Ein Ausfallschritt

Coulé . . . . Ein Gleitstoß

Prise de fer . . . . Die gegnerische Klinge
in die Hand nehmen

Finale . . . . Die letzte Bewegung in
einer Serie von Angriffsstößen

Parkour-Bewegungen

Parkour wird hauptsächlich in städtischen Gegenden ausgeübt. Dabei laufen die Leute „fließend" durch ihre Umgebung. Das heißt, sie verwenden eine Reihe von Sprüngen und athletischer Bewegungen, um alltägliche Hindernisse wie Treppen, Geländer und Mauern zu überwinden.

Wandklettern . . . Eine senkrechte Fläche hochklettern

Underbar . . . . Durch eine Lücke hindurch springen oder sich hindurch schwingen

Distanzsprung . . . . Von einer Stelle zu einer anderen springen

Turn Vault . . . . Eine Art Hockwende auf die andere Seite eines Gegenstands machen

Tic Tac . . . . Sich von einer Oberfläche abstoßen, um eine andere zu erreichen

Geländer-Präzisionssprung . . . . . . Von einem Geländer zum nächsten springen

Cat Balance . . . . Auf Händen und Füßen entlang einer niedrigen Oberfläche laufen

Die fünf Reiche der Lebewesen

In der Biologie werden Lebewesen in fünf Kategorien (oder Reiche) unterteilt:

Bakterien   Organismen mit einfachen Zellstrukturen, z. B. Bakterien und Viren.

Protisten   Einfache Organismen mit Zellkernen und anderen komplexen Zellstrukturen, z. B. Algen.

Pilze	Primitive Pflanzen, die tote Pflanzen und tierisches Material zersetzen; zum Beispiel Pilze und Hefe.
Pflanzen	Mehrzellige Organismen, deren Zellwände üblicherweise hauptsächlich aus Zellulose bestehen. Die meisten Pflanzen nutzen Sonnenlicht als Energiequelle und verwandeln Sonnenlicht, Wasser und Kohlendioxid in Glukose, Sauerstoff und Wasser. Diesen Prozess nennt man auch Fotosynthese.
Tiere	Mehrzellige Organismen, die sich von anderen Organismen ernähren. Beinahe alle Tiere können auf die Veränderungen in ihrer Umgebung reagieren, indem sie Teile ihres Körpers bewegen.

Revolutionen

Amerikanische Revolution (1774–1783)

Die 13 Kolonien Amerikas haben sich von Großbritannien abgespalten und sind eine Republik vereinigter Staaten (United States) geworden.

Französische Revolution (1789–1799)

Sturz des französischen Königs und der Aristokratie. Das ist auch der Beginn der französischen Republik.

Russische Revolution (1917)

Abdankung des Zaren Nikolaus II. und Gründung der Sowjetunion.

Samtene Revolution (1989)

Gewaltfreier Sturz der kommunistischen Regierung in der Tschechoslowakei.

Ein ritterliches Turnier

Tjost
Ritter reiten mit einer Lanze unter dem Arm aufeinander zu und versuchen, den Gegner vom Pferd zu stoßen.

Nahkampf zu Fuß
Ritter kämpfen zu Fuß mit stumpfen Schwertern. Du gewinnst, wenn du deinen Gegner dreimal triffst.

Bogenschießen
Ritter schießen 12 Pfeile in die Mitte eines Zieles und erhalten Punkte für ihre Treffgenauigkeit. Der beste Schuss gewinnt.

Ringkampf
Ritter kämpfen unbewaffnet gegeneinander. Der Ritter, der die fünf besten Würfe oder Schläge erzielt, gewinnt.

Der weltweit längste Anstarr-Wettbewerb

Unfassbar dumm

Eine Frau in Texas, USA, hatte sich ein neues Auto gekauft. Da sie die Größe des Kofferraums austesten wollte, bat sie ihre Familienmitglieder, sie selbst dort einzuschließen. Erst danach bemerkte sie, dass sie immer noch die Schlüssel in der Hand hatte.

Beim Jagen hat sich ein Mann in Arizona, USA, versehentlich selbst ins Bein geschossen. Um die Aufmerksamkeit von Passanten auf sich zu lenken und so Hilfe zu rufen, feuerte er die Waffe ein zweites Mal ab. Dabei schoss er sich jedoch leider in das andere Bein.

Ein Ladenbesitzer in Texas, USA, akzeptierte einen gefälschten 100-Dollar-Schein, obwohl dieser mehr als 30 cm lang war.

Während eines Streiks im Jahr 1978 mussten britische Soldaten auch den Feuerwehrdienst übernehmen. Nachdem die Soldaten die Katze einer alten Dame von einem Baum gerettet hatten, wurden sie von ihr zum Dank noch zu Tee und Keksen eingeladen. Nach einer Weile verabschiedeten sie sich, stiegen in ihr Fahrzeug und fuhren davon … als ihnen plötzlich die Katze vors Auto lief.

Pangramme

Pangramme sind Sätze, die jeden Buchstaben des Alphabets zumindest einmal enthalten.

Die heiße Zypernsonne quälte Max und Victoria ja böse auf dem Weg bis zur Küste.

Falsches Üben von Xylophonmusik quält jeden größeren Zwerg.

Stanleys Expeditionszug quer durch Afrika wird von jedermann bewundert.

Spurenlesen

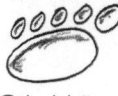

Grizzlybär

Ente

Biber

Wildschwein

Igel

Monster

Höhenskala von Wellen

Glasklar. . . . . 0 m
Gekräuselt . . . . 0,3 bis 0,6 m
Bewegt. . . . . 0,6 bis 1,2 m
Sehr rau . . . . 4 bis 6 m
Sturmwellen mitten im Meer . . . . 6 bis 9 m
Extremwellen . . . . 15 bis 30 m
Monsterwellen. . . . . höher als 30 m

Die gefährlichsten Tiere der Welt

Eisbär

Der Eisbär, der nur in der Arktis zu finden ist, ist das größte Landraubtier und doppelt so groß wie ein Tiger. Er jagt sowohl an Land wie auch im Meer und wird durch sein weißes Fell im Schnee perfekt getarnt. Wenn Futter knapp ist, kann es sein, dass Eisbären auch Menschen töten und fressen.

Großer weißer Hai

Der große weiße Hai wird bis zu sechs Meter lang und wiegt über 2000 Kilo. Somit ist er der weltgrößte Raubfisch. Große weiße Haie überfallen ihre Beute, indem sie vom Meeresgrund hinaufschießen. Hinter ihren Hauptzähnen befinden sich zusätzliche Reihen von Zähnen, die ständig am Wachsen sind. Sie können ihre Zähne auch einziehen (wie Katzen ihre Krallen).

Würfelqualle

Diese würfelförmige Qualle, auch Seewespe genannt, ist nur in tropischen Gewässern zu finden. Ihre Tentakel setzen ein schnell wirkendes Gift frei, das das Herz und die Lungen eines menschlichen Opfers in nur drei Minuten zum Stillstand bringen kann.

Trichternetzspinne

Die tödlichste Spinne der Welt kommt aus Australien, wo sie in einem kühlen, geschützten Lebensraum lebt. Die männlichen Spinnen sind dafür bekannt, aggressiv und wiederholt zuzubeißen. Der Tod kann jederzeit zwischen 15 Minuten und 3 Tagen nach dem Biss eintreten.

Inlandtaipan

Diese Schlange aus Zentralaustralien hat 12 mm lange Giftzähne. Sie verfügt über das tödlichste Gift der Welt. Ein einziger Biss enthält genug Gift, um mehrere erwachsene Menschen zu töten.

Komodowaran

Die größte Echse der Welt, der Komodowaran, lebt auf der Insel Komodo in Indonesien und jagt lebende Beute. Die tödlichen Bakterien im Maul dieses Warans führen nach einem Biss sehr schnell zum Tod.

Killerbienen

Diese extrem aggressiven Bienen treten tendenziell in einem Schwarm auf. Sie haben einen hohen Anteil an Kriegerbienen, die ihren Bienenstock beschützen und vermeintliche Bedrohungen sogar über lange Strecken hinweg verfolgen und sie stechen.

Servierplatten

Platten, auf denen Essen serviert oder verzehrt wird.

Essteller
Unterteller
Beilagenteller
Servierteller

Drehteller
Holzteller
Pappteller

Tektonische Platten

Die Erdkruste besteht aus vielen Gesteinsplatten, den sogenannten
tektonischen Platten, die ständig in Bewegung sind.

Afrikanische Platte
Antarktische Platte
Arabische Platte
Australische Platte
Karibische Platte
Cocosplatte
Eurasische Platte
Indische Platte

Juan-de-Fuca-Platte
Nazca-Platte
Nordamerikanische Platte
Pazifische Platte
Philippinische Platte
Scotia-Platte
Südamerikanische Platte

Tatsächlich existierende Buntstiftfarben

Magenta
Pink Sherbet
Purpur
Tomate
Koralle
Lachs
Indischrot
Lehmfarbe
Kastanienbraun
Schokolade
Siena
Sunset Orange
Apricot
Goldrute

Hellbraun
Weizen
Mokassin
Mandel
Kaki
Löwenzahn
Zitronengelb
Gold
Frühlingsgrün
Wiesengrün
Limette
Olivgrün
Wald
Dschungelgrün

Meergrün
Aquamarin
Türkis
Cyan
Blaugrün
Azur
Himmelblau
Marineblau
Mitternachtsblau
Blaugrau
Kornblumenblau
Königsblau
Stahlblau
Orchidee

Wie kommt man zum Schloss Dracula?

1. Je nachdem, wo du wohnst, fährst du mit dem Zug nach München.
2. In München nimmst du am besten den Nachtzug nach Wien, dann kannst du während der Fahrt schlafen. Du kommst dann rechtzeitig zum Frühstück in der österreichischen Hauptstadt an.
3. Nach dem Frühstück fährst du weiter in die ungarische Hauptstadt Budapest. Wenn du Glück hast, fährt dein Zug von München auch direkt nach Budapest. Dann kannst du auch dort etwas essen.
4. In Budapest steigst du in den Zug nach Cluj-Napoca – zu Graf Draculas Zeit hieß die Stadt auch Klausenburg. Versuch, die transsilvanische Stadt vor Einbruch der Dunkelheit zu erreichen. Am besten verbringst du die Nacht in einem Hotel.
5. Am nächsten Tag fährst du mit dem Zug in die Stadt Bistritz (auch Bistrita genannt). Die Stadt liegt im Norden von Transsilvanien. Achte wieder darauf, dass du vor Abenddämmerung dort ankommst, und verbringe die Nacht im Hotel „Die Goldene Krone". Laut Graf Dracula ist es das beste Hotel der Stadt!

6. Nimm das Kruzifix entgegen, das dir der vor Angst zitternde Hotelbesitzer übergeben wird, sobald du ihm erzählst, dass du zum Schloss Dracula reist.
7. Nach dem Frühstück bringt dich eine Postkutsche in die Bukowina, in den nordöstlichen Hängen der Karpaten.
8. Um Punkt Mitternacht setzt dich der Kutscher am Borgo-Pass ab, von wo aus eine einsame Straße tief in die Berge hinein zum Schloss führt. Dort wartest du ganz allein im Dunkeln, bis dich ein Reiter von Graf Dracula abholt. Er wird dich dann sicher durch den Schneesturm hindurch zum Schloss Dracula bringen.

Berühmte Gleichungen (zum Angeben)

Satz des Pythagoras

Der Satz von Pythagoras besagt, dass die Quadrate der beiden kürzeren Seiten eines Dreiecks a und b zusammen genauso groß sind wie das Quadrat der längeren Seite c. Diese Gleichung funktioniert aber nur bei einem rechtwinkeligen Dreieck.

$$a^2 + b^2 = c^2$$

a = kurze Seite in einem rechtwinkeligen Dreieck
b = weitere kurze Seite in einem rechtwinkeligen Dreieck
c = lange Seite in einem rechtwinkeligen Dreieck

Gravitationsgesetz von Newton

Jedes Objekt, das eine Masse hat, hat auch eine Anziehungskraft. Das heißt, alle Objekte ziehen sich gegenseitig an. Je größer die Masse der Objekte und je kleiner der Abstand zwischen ihnen ist, umso größer ist die Anziehungskraft.

$$F = \frac{G m_1 m_2}{d^2}$$

F = Gravitationskraft zwischen zwei Massen (m_1 und m_2)
G = Gravitationskonstante (die Schwerkraft)
d = Entfernung zwischen den beiden Massen

Die Definition von Pi

Pi (π) ist das Verhältnis vom Umfang eines Kreises zu seinem Durchmesser. Das heißt, wenn du die Zahl Pi ausrechnen willst, nimmst du den Umfang eines Kreises und dividierst ihn durch den Durchmesser. Aber egal wie groß der Kreis ist, bei dieser Gleichung kommt immer 3,141592653… heraus – mit unendlich vielen Kommastellen. Daher wird die Zahl meistens abgekürzt.

$$\pi = \frac{c}{d}$$

π = Pi
c = Umfang des Kreises
d = Durchmesser des Kreises

Relativitätstheorie

Diese berühmte Theorie von Albert Einstein besagt, dass jedes Objekt, das über eine Masse verfügt, Energie erzeugen kann.

Wenn du dir nun folgende Gleichung ansiehst, erkennst du, dass Energie und Masse (multipliziert mit Lichtgeschwindigkeit) eigentlich dasselbe ist. Und durch den hohen Wert der Lichtgeschwindigkeit kann auch bei geringer Masse sehr viel Energie freigesetzt werden.

$$e = mc^2$$

e = Energie
m = Masse
c = Lichtgeschwindigkeit
(300 000 km/s)

Tiere, die Kälber zur Welt bringen

Büffel • Elefanten • Kühe
Giraffen • Nilpferde • Elche
Kamele • Antilopen
Wapiti • Wale • Delfine

Hochseilkunststücke des großen Blondin

Der Große Blondin war der größte Draufgänger der Welt. Am
30. Juni 1859 spazierte er auf einem Hochseil über die Niagarafälle.
In der Mitte des Seils angekommen, ließ er ein zweites Seil zu einem
Boot hinabgleiten und zog eine Flasche zu sich hoch. Danach setzte
er sich gemütlich auf das Seil und gönnte sich ein Gläschen. Das war
aber noch nicht alles! Später führte der Große Blondin noch mehr
Kunststücke über dem riesigen Wasserfall durch:

Omelett kochen

Fahrrad fahren

Rückwärts-Salto
machen

Mit gefesselten
Händen
und Füßen auf dem
Seil herumlaufen

Mit verbundenen
Augen
auf- und abgehen

Einen Schubkarren
schieben

Seinen Manager auf
dem
Rücken tragen

Unglaubliche Geschwindigkeiten

Die Erde dreht sich mit einer Geschwindigkeit von etwa
112 000 km/h um die Sonne. Zum Vergleich: Das Sonnensystem reist
mit 273 km/s durch den Weltraum.

Wie viele ... braucht man, um eine Glühbirne zu wechseln?

Eulen. . . . . Keine. Eulen haben keine Angst
vor der Dunkelheit.

Marsmenschen . . . . Eineinhalb.

Affen. . . . . .Drei. Einen, um die Glühbirne
zu wechseln, und zwei, die sich
gegenseitig mit Bananen bewerfen.

Poltergeister. . . . . Zwei. Einer hält die Glühbirne
und der andere dreht den
Raum herum.

Unglück im Theater

- Hinter der Bühne pfeifen oder klatschen.
- „Macbeth" sagen. (Sag stattdessen „Das schottische Stück".)
- Jemandem Glück wünschen. (Sag stattdessen „Hals- und Beinbruch".)
- Das Licht abdrehen, wenn die Bühne gerade nicht verwendet wird

Straßenkunst für dich gemacht

- Mach fünf Liegestütze und sorg dafür, dass ein Freund wirklich laut zählt: 996, 997, 998, 999, 1000!
- Jongliere ungekochte Eier und lass eines nach dem anderen fallen.
- Folge Passanten und imitiere die Art, wie sie laufen.
- Singe richtig falsch durch ein Verkehrshütchen.
- Sprich mit einer imaginären Person, die unter einem Kanalgitter gefangen ist.
- Stell dich auf eine Box und räuspere dich so, als würdest du jeden Moment zu singen anfangen. Dann räuspere dich noch mal und dann noch mal. Hör nicht auf, dich zu räuspern.
- Tu so, als hättest du Gummibeine. Wanke hin und her, fall hin, steh auf und fall erneut hin.
- Zeichne hässliche Porträts von Passanten.

Magische Wesen aus den
Harry-Potter-Romanen

Hippogreif

Ein Wesen, das sich sowohl an Land als auch in der Luft fortbewegen kann. Es hat den Kopf und die Flügel eines riesigen Adlers und den Körper eines Pferdes. Der Hippogreif legt sehr viel Wert auf gute Manieren – daher ist er auch ganz schnell gereizt, wenn man sich zur Begrüßung nicht vor ihm verneigt.

Zentaur

Ein überaus intelligentes Wesen mit dem Kopf und Oberkörper eines Menschen und dem Körper eines Pferdes. Diese Wesen vertrauen weder Muggeln (Nicht-Magiern) noch Zauberern und leben tief in den Wäldern verborgen.

Doxy

Winzige, geflügelte Wesen mit vier Armen, vier Beinen und einer dichten Schicht aus schwarzem Fell. Sie haben giftige Zähne und einen tödlichen Biss.

Ungarischer Hornschwanz

Ein schuppiger schwarzer Drache mit gelben Augen. Häufig schießen Stichflammen aus seinem Rachen und ein Schlag seines mit Stacheln gespickten Schwanzes kann tödlich sein.

Werwolf

Bei Vollmond verwandelt sich dieser sonst so vernünftige Mensch in ein blutrünstiges Monster. Der Fluch wird durch den Biss eines anderen Werwolfs übertragen. Bisher ist kein Heilmittel bekannt. Werwölfe sind bemitleidenswert, jedoch nicht aus nächster Nähe und erst recht nicht nachts bei Vollmond.

Basilisk

Schlange mit Giftzähnen und einem tödlichen Blick. Wird verbotenerweise erzeugt, indem man ein Hühnerei von einer Kröte ausbrüten lässt.

Die drei offiziellen Arten von Monsterwellen

Weiße Wand
Eine Welle, die mit einer Breite von bis zu 10 km durch den Ozean zieht. Direkt vor der Riesenwelle bildet sich ein tiefes Loch im Meer.

Drei Schwestern
Gruppe aus drei riesigen Wellen.

Kaventsmann
Einzelne Welle, die bis zu viermal so hoch wie eine normale Sturmwelle werden kann und die nach nur wenigen Sekunden wieder zusammenbricht.

Abwehrmaßnahmen von Tieren

Dachse
Die Haut auf der Unterseite eines Dachses ist sehr schlabbrig. Beißt sich also ein Raubtier darin fest, dann kann sich der Dachs einfach umdrehen und zurück- beißen.

Hasen
Die Augen eines Hasen befinden sich jeweils auf der Seite des Kopfes. Dadurch vergrößert sich das Sichtfeld des Hasen und er kann selbst beim Fressen nach Raubtieren Ausschau halten.

Io-Motte
Bei einer Bedrohung ziehen diese Motten ihre oberen Flügel zurück und zeigen ihre Markie- rungen, die aussehen wie Augen. Dadurch erschrecken sich die Angreifer und die Motte hat Zeit, zu entkommen.

Stinktier
Stinktiere sprühen ein klebriges und übel riechendes Sekret auf Raubtiere. Der Gestank ist übel genug, um selbst den größten Bären abzuschrecken.

Igel
Im Falle einer Bedrohung rollen
sich Igel zu einem Ball aus
Stacheln zusammen.

Kugelfisch
Dieser ungewöhnliche Fisch
kann sich auf das Vielfache seiner
normalen Größe aufblasen,
indem er Wasser oder Luft
schluckt.

Homonyme

Homonyme sind Wörter, die zwar gleich klingen, aber anders
geschrieben werden und somit auch eine andere Bedeutung haben.

Föhn – Fön	Malen – Mahlen
Leib – Laib	Meer – Mehr
Lehre – Leere	Seite – Saite
Lerche – Lärche	Waise – Weise
Lid – Lied	Wände – Wende

Alltägliche Probleme

Zwickmühle
Eine Zwickmühle, manchmal auch Teufelskreis genannt, ist eine
Situation, in der du eine Sache tun musst, um eine andere zu
erreichen. Das Problem dabei ist aber, du kannst die erste Sache nur
erreichen, nachdem du die zweite erreicht hast:

„Ich kann kein Geld mit Autowaschen verdienen, bevor ich nicht die notwendige Ausrüstung gekauft habe. Ich kann die notwendige Ausrüstung jedoch nicht kaufen, bevor ich nicht ein wenig Geld mit dem Waschen von Autos verdient habe."

Dilemma
Du musst dich zwischen zwei gleichermaßen unangenehmen Alternativen entscheiden:
„Du kannst zuerst deine Hausübungen machen und danach dein Zimmer aufräumen, oder du kannst gleich dein Zimmer aufräumen und dann deine Hausübungen machen."

Das eine oder gar nichts
Eine scheinbar freie Wahl, die in Wirklichkeit gar keine Wahl ist:
„Du kannst eines der beiden Schokoladestücke haben, solange ich dieses haben kann."

Berühmte Zahlen

007 . . . . James Bond
666 . . . . Die Zahl des Teufels
9/11 . . . . Das Datum des Terroranschlags
in New York City im Jahr 2001
13 . . . . Unglückszahl
365 . . . . Tage pro Jahr (ausgenommen Schaltjahre)
299 792 458 . . . . Lichtgeschwindigkeit
in Meter pro Sekunde
9¾ . . . . Das Gleis, von dem der Hogwarts Express
in den *Harry-Potter*-Romanen abfährt
80 . . . . Die Anzahl der Tage, die eine
Reise um die Welt in Jules Vernes Roman
In achtzig Tagen um die Welt dauert

Ermordete Führungspersönlichkeiten

Mohandas Karamchand Gandhi
Gandhi war ein pazifistischer Kämpfer für die indische Unabhängigkeit und wurde von seinem Gegner Nathuram Godse am 30. Januar 1948 durch drei Schüsse getötet.

Erzherzog Franz Ferdinand
Franz Ferdinand war Thronfolger von Österreich-Ungarn. Seine Ermordung durch Gavrilo Princip am 28. Juni 1914 war der Auslöser für den Ersten Weltkrieg.

Abraham Lincoln
Dieser Präsident der Vereinigten Staaten von Amerika fiel am 14. April 1865 einem Attentat zum Opfer, als er sich eine Theateraufführung ansah. Der Attentäter, John Wilkes Booth, schoss dem Präsidenten in den Hinterkopf.

John Fitzgerald Kennedy
Als dieser US-amerikanische Präsident am 22. November 1963 mit einem Kopfschuss getötet wurde, wurde ein gewisser Lee Harvey Oswald angeklagt. Viele Menschen glauben bis heute, dass Oswald reingelegt und zu Unrecht beschuldigt wurde oder Teil einer größeren Verschwörung war.

Julius Gaius Caesar
Am 15. März 44 vor Christus wurde der römische Kaiser Julius Caesar mit 23 Stichen im Schlaf erstochen. Die Ermordung wurde von einem Komplott aus römischen Senatoren durchgeführt, unter denen sich auch Caesars Freund Brutus befunden hatte.

Härteskala von Mineralien

Die Mohs-Skala ist ein System zur Einstufung der Härte von Mineralien. Jedes Mineral kann einen Kratzer in den Mineralien hinterlassen, die in der Skala unter ihnen liegen.

10. Diamant (am härtesten)
 9. Korund
 8. Topas
 7. Quarz
 6. Orthoklas

 5. Apatit
 4. Fluorit
 3. Calcit
 2. Gips
 1. Talk (am weichsten)

Ein Blick in die Zukunft

Trink eine Tasse Blatt-Tee aus einer stinknormalen weißen Tasse und lass ein ganz kleines bisschen Tee übrig. Nimm die Tasse in eine Hand und schwenke die Flüssigkeit dreimal im Uhrzeigersinn. Die Flüssigkeit sollte dabei zwar den Rand erreichen, aber nicht überschwappen. Stell nun die Tasse kopfüber auf eine Untertasse und lass die Flüssigkeit ablaufen. Dreh die Tasse nach sieben Sekunden wieder um und halte sie so, dass der Griff auf dich zeigt. Schau in die Tasse und konzentriere dich auf die Teeblätter. Was siehst du?

Eichel . . . . .Du wirst Erfolg haben
Glocke . . . . Du wirst unerwartete
Neuigkeiten erhalten
Katze. . . . . Ein Freund wird dich anlügen
Dolch . . . . .Nimm dich vor Gefahren in Acht
Gesicht. . . . . .Du wirst einen neuen Freund finden
Ziege . . . . Nimm dich vor Feinden in Acht
Harfe .Du wirst dich verlieben
Hase. . . . . Du wirst mutig sein müssen
Schiff. . . . . Du wirst eine lange Reise antreten
Baum . . . . Du wirst gesund bleiben
Rad . . . . .Du wirst gute Noten bekommen
Zebra . . . . Es wird eine dramatische Veränderung
in deinem Leben geben

Räder

Tretauto • Hochrad • Einrad • Tandem
Hometrainer • Rennrad • Mountainbike • BMX

Die offiziellen Regeln der Weltmeisterschaft im Kirschkernweitspucken

1. Jede Kirsche wird im Ganzen in den Mund gesteckt und das Fruchtfleisch gegessen, bevor der Kern gespuckt wird.
   Der Kern ist der Stein in der Mitte der Kirsche.
2. Es wird jeweils der längste der drei Spuckversuche aufgezeichnet. Wenn ein Kern verschluckt wird, verliert man diesen Spuckversuch.

3. Es dürfen sich keine Fremdgegenstände im Mund befinden, die beim Spucken des Kerns vielleicht zu einem Vorteil verhelfen könnten.
4. Die aufgeblasenen Wangen dürfen nicht „poppen". Die Hände des Spuckenden müssen unter Schulterhöhe bleiben.
5. Die Füße der Teilnehmer dürfen die Foullinie nicht berühren oder übertreten.
6. Der Rekord im Kirschkernweitspucken liegt bei 28,5 Meter.

> Eine Anakonda ist in der Lage,
> ein zwei Meter langes Krokodil zu fressen.

Kulturelle Symbole

Land	Tier	Essen
Deutschland	Adler	Sauerkraut
USA	Weißkopfseeadler/ Bison	Hamburger
England	Löwe/Bulldogge	Fish and Chips
Wales	Roter Drache	Laverbread (Seetangbrot)
Australien	Känguru	Grillen
Frankreich	Hahn	Froschschenkel
Schottland	Roter Löwe	Haggis (gefüllter Schafsmagen)
Spanien	Stier	Paella/Tapas
Russland	Adler/Bär	Borschtsch
Kanada	Biber	Ahornsirup

Waffengeschichte

2 500 000 v. Chr. . . . . Erster Einsatz von
                                            Steinwerkzeugen
6000 v. Chr. . . . . Erster Wurf von Metallspeeren
2000 v. Chr. . . . . Keltische Stämme nutzten von
                                  Pferden gezogene Streitwägen
400 v. Chr. . . . . Die alten Griechen verwendeten
                                Ballisten (riesige Wurfmaschinen)
950 n. Chr . . . . . . Chinesen erfanden das Schießpulver
1128 . . . . Erster Einsatz von Kanonen
                                            (von den Chinesen)
1400 . . . . Erster Einsatz von Gewehren
1914–18. . . . . Erster Weltkrieg – Erstmals Verwendung
                        von Panzern anstatt Pferden
1939–45. Zweiter Weltkrieg –
                        Erster Einsatz von Sturmgewehren
1945 . . . . Alliierte setzten gegen Japan
                        das erste Mal Atombomben ein

Sternschnuppen

Meteoroid
Weltraumkörper in allen Formen und Größen.

Meteor
Der glühende Schweif aus brennendem Gas entsteht, wenn ein Meteoroid in die Erdatmosphäre eintritt und heiß wird.

Meteorit
Ein Weltraumkörper, der auf die Erde trifft.

Papiergrößen

A0. . . . . 841 × 1189 mm
A1. . . . . .594 × 841 mm
A2. . . . . .420 × 594 mm
A3. . . . . .297 × 420 mm
A4. . . . . .210 × 297 mm
A5. . . . . .148 × 210 mm
A6. . . . . .105 × 148 mm
A7. . . . . .74 × 105 mm

Nicht-olympische Spiele

Käferhüten • Seifenblasenfangen • Münzstapeln
Wettbewerbsblinzeln • Wettbewerbsmäßiges Hummelwerfen
Tiefseeessen • Ausdauerlachen • Kastanienkunststücke
Schleppen der schwersten Schultaschen • Am lautesten Niesen

Die ersten 5 g-Kräfte der Beschleunigung

Eine hohe Beschleunigung oder Abbremsung setzt dich unterschiedlichen Schwerkrafterfahrungen aus. Je schneller sich die Geschwindigkeit ändert, desto höher ist die g-Kraft und die Auswirkung auf deinen Körper:

1 g   Die Auswirkung der Schwerkraft auf die Erdoberfläche. Die spürst du die ganze Zeit.

2 g   Die Kraft, die du spürst, wenn du mit einem Flugzeug abhebst. Deine Arme, Beine, Hände und Füße fühlen sich schwer an.

3 g   Die Kraft, die du auf einer schnellen Achterbahn fühlst. Du bist nicht in der Lage, deinen Kopf zu heben, um dich umzusehen, und dein Herz muss schwerer arbeiten, um Blut durch deinen Körper zu pumpen.

4 g   Die Kraft, die du bei einem leichteren Autounfall spürst. Dein Kopf fühlt sich viermal schwerer an und deine Nackenmuskeln tun sich schwer, damit klarzukommen.

5 g   Die Kraft, die Kampfpiloten fühlen, wenn sie aus einer extrem schnellen Kurve kommen. Es kann auch passieren, dass sie davon bewusstlos werden (g-LOC – „LOC" steht dabei für „Loss of Consciousness", dt. Bewusstseinsverlust).

Welcher Kreis ist perfekt?

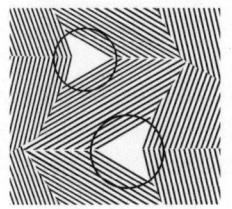

Siehst du in 3-D?

Halte einen Finger senkrecht vor dein Gesicht. Dann öffne und schließe abwechselnd ein Auge. Dein Finger scheint auf die Seite zu springen, nicht wahr? Grund dafür ist, dass jedes Auge den Finger aus einem leicht anderen Winkel betrachtet. Aber wenn du beide Augen geöffnet hast, verbindet dein Gehirn die Bilder und du bekommst ein 3-D-Bild.

Du kannst deine 3-D-Sehkraft ganz einfach prüfen, indem du zwei Stifte waagrecht und auf Augenhöhe vor deinem Gesicht hältst. Bewege nun die Enden der beiden Stifte langsam aufeinander zu. Kinderleicht? Dann versuche dasselbe noch einmal, aber dieses Mal schließt du ein Auge.

Wenn du die Stifte nur mit einem Auge betrachtest, ändert sich deine Sicht auf 2-D. Du kannst also nicht erkennen, welcher Stift im Vordergrund und welcher im Hintergrund ist.

Wie funktionieren eigentlich 3-D-Brillen?

Der 3-D-Effekt entsteht meistens durch Spezialkameras, die die Bilder aus unterschiedlichen Winkeln aufnehmen. Über Projektoren werden diese dann auf die Kinoleinwand geworfen. Wenn du nun ohne Brille auf die Leinwand schaust, sieht das Bild aber noch verschwommen aus. Grund dafür ist, dass sich die Bilder überlagern. Früher hatten 3-D-Brillen noch eine rote und eine blaue Linse, damit jedes Auge ein anderes Bild sieht. Inzwischen haben die Linsen dieselbe Farbe. Trotzdem sieht ein Auge nur die Bilder des einen Projektors und dein anderes Auge nur die Bilder des anderen Projektors. Dadurch wird die Überlagerung aufgehoben und es entsteht der 3-D-Effekt.

Extrovertiert   oder   introvertiert?

Kontaktfreudig	Zurückhaltend
Locker	Kompliziert
Denkt später	Denkt zuerst
Emotional	Distanziert
Weltveränderer	Weltversteher
Weite	Tiefe
Handlung	Ideen
Lärm und Abwechslung	Ruhe und Konzentration
Viele Menschen	Einzelgespräche

Symbole auf einer Orientierungslaufkarte

Orientierungslaufkarten sind spezielle Landkarten für Menschen, die gerne Orientierungsläufe machen. In dieser Karte werden die Besonderheiten der Landschaft in verschiedenen Farben gezeigt:

Schwarz . . . . . . .Felsen und von Menschen geschaffene
Eigenschaften

Braun . . . . .Geländeformen

Blau. . . . . Wassereigenschaften

Gelb . . . . Einfach zu durchdringendes Dickicht

Grün. . . . . .Schwer zu durchdringendes Dickicht

Weiß. . . . . Wald mit wenig oder keinem Gestrüpp

Violett (oder Rot). . . . . .Die Strecke, auf der der
Orientierungslauf stattfindet

Yoga-Positionen

Kuhgesicht • Bogen • Brücke • Kamel • Katze • Krieger
Herabschauender Hund • Einbeinige Taube
Berg • Halber Herr der Fische • Totenstellung

Massenaussterben

Vor etwa 249 Millionen Jahren wurden 90 % aller Meeres- und 70 %
aller Landlebewesen ausgelöscht. Darunter befanden sich auch die
Dinosaurier. Grund für dieses Massenaussterben war entweder ein
Asteroideneinschlag oder eine massive Umweltveränderung.

Eine kinderleichte Methode

Du kannst die folgende Methode verwenden, um dir die Reihenfolge
der Planeten in unserem Sonnensystem zu merken. Der erste
Buchstabe jedes Wortes entspricht dem ersten Buchstaben eines
Planeten. Merkur ist der Planet, der der Sonne am nächsten ist, und
Neptun ist am weitesten von der Sonne entfernt.

Mein.	Merkur
Vater.	Venus
Erklärt.	Erde
Mir	Mars
Jeden.	Jupiter
Sonntag	Saturn
Unseren	Uranus
Nachthimmel.	Neptun

Herr Lehrer, Frau Lehrer

Max: „Herr Lehrer, Herr Lehrer. Denken Sie, dass es in Ordnung ist, Menschen für Dinge zu bestrafen, die sie nicht gemacht haben?"
Lehrer: „Nein, natürlich nicht."
Max: „Sehr gut. Ich habe nämlich meine Hausaufgaben nicht gemacht."

Lehrer: „Die Bücher für die Hausarbeit sind nicht zum Spielen da, Max."
Max: „Warum nicht? Sie haben gesagt, die Hausarbeit wäre ein Kinderspiel."

Lehrer: „Max, was hattet ihr denn gestern auf?"
Max: „Ich eine Kappe, von den anderen weiß ich es nicht."

Lehrer: „Es wäre schön, wenn du etwas mehr aufpassen würdest."
Max: „Ich habe doch gestern schon auf meine Schwester aufgepasst."

Fachausdrücke beim Segeln

Querschlagen
Das Boot kippt plötzlich ins Wasser.

Krängung
Die Windstärke sorgt dafür, dass sich das Boot zur Seite neigt.

Patenthalse
Das Boot rollt von einer auf die andere Seite, bis es entweder kentert (umkippt) oder der Kapitän handelt.

Ausreiten
Die Crew lehnt sich über den Bootsrand, um dafür zu sorgen, dass es nicht umkippt.

Im Wind (stehen geblieben)

Der Wind bläst von vorne und drückt das Boot rückwärts.

Halsen

Das Heck (Rückseite) des Boots wird vom Wind so gedreht, dass der Wind nun von der anderen Seite bläst.

Kentern

Das Boot wird umgedreht, sodass sich die Unterseite nun oben befindet.

Wenden

Der Bug (Vorderseite) des Bootes wird vom Wind gedreht, sodass der Wind nun von der anderen Seite bläst.

Achteraus

Der Wind bläst direkt von achtern (von hinten), was es richtig schwierig macht, zu segeln.

Umrechnen

Zoll	$\xrightarrow{\times 2,54}$ $\xleftarrow{\times 0,3937}$	Zentimeter (cm)
Fuß	$\xrightarrow{\times 0,3048}$ $\xleftarrow{\times 3,2808}$	Meter (m)
Meilen	$\xrightarrow{\times 1,6093}$ $\xleftarrow{\times 0,6214}$	Kilometer (km)
Quadratzoll	$\xrightarrow{\times 6,4516}$ $\xleftarrow{\times 0,155}$	Quadratzentimeter
Quadratfuß	$\xrightarrow{\times 0,0929}$ $\xleftarrow{\times 10,7639}$	Quadratmeter
Quadratmeilen	$\xrightarrow{\times 2,59}$ $\xleftarrow{\times 0,3861}$	Quadratkilometer
Morgen	$\xrightarrow{\times 0,4047}$ $\xleftarrow{\times 2,471}$	Hektar
Kubikzoll	$\xrightarrow{\times 16,3871}$ $\xleftarrow{\times 0,0613}$	Kubikzentimeter (cm^3)

Pint $\xrightarrow{\times 56,826}$ Zentiliter (cl)
$\xleftarrow{\times 0,0176}$

Gallone $\xrightarrow{\times 4,5460}$ Liter (l)
$\xleftarrow{\times 0,22}$

Unzen $\xrightarrow{\times 28,3495}$ Gramm (g)
$\xleftarrow{\times 0,0353}$

Pfund $\xrightarrow{\times 0,454}$ Kilogramm (kg)
$\xleftarrow{\times 2,2046}$

Tonne $\xrightarrow{\times 1016}$ Kilogramm (kg)
$\xleftarrow{\times 0,001}$

16 Unzen = 1 Pfund   100 Zentimeter = 1 Meter
12 Zoll = 1 Fuß   1000 Meter = 1 Kilometer
2240 Pfund = 1 Tonne   1000 Gramm = 1 Kilogramm
8 Pints = 1 Gallone   100 Zentiliter = 1 Liter

Zehn Arten, auf die ein Cricket-Schlagmann ausscheiden kann

Cricket ist ein britisches Schlagballspiel mit zwei Mannschaften – ähnlich wie Baseball. Die Werfer versuchen dabei, die gegnerischen Schlagleute so schnell wie möglich aus dem Spiel zu werfen. Die Schlagleute versuchen währenddessen, den Ball wegzuschlagen, um mit einem zweiten Schlagmann aus der eigenen Mannschaft den Platz zu tauschen.

In einem Cricket-Spiel gibt es zehn verschiedene Arten, auf die ein Schlagmann ausscheiden kann:

1. Gefallen: Der Werfer (Bowler) wirft mit seinem Ball am Schlagmann vorbei und trifft das Wicket – das ist die im Cricket typische Holzkonstruktion aus drei Stäben (Stumps) und zwei Querstäben (Bails).
2. Gefangen: Wenn ein Mitglied der gegnerischen Mannschaft den Ball direkt aus der Luft fängt.
3. Unterbrochen: Das Wicket wird getroffen, aber die Schlagleute haben noch nicht den Platz getauscht.
4. Gefallen und Aus: Wenn der Werfer am Schlagmann vorbeiwirft und der Wicket-Keeper das Wicket des Schlagmanns mit dem Ball zerstört.
5. Doppelschlag: Wenn der Schlagmann den Ball zweimal schlägt.
6. Handball: Wenn der Schlagmann den Ball mit der Hand berührt.
7. Eigentor: Wenn der Schlagmann das Wicket selbst zerstört.
8. LBW (Bein vor Wicket): Wenn der Schlagmann den Ball mit seinem Körper blockiert, der Schiedsrichter aber der Meinung ist, der Ball hätte das Wicket getroffen, wenn der Schlagmann nicht im Weg gewesen wäre.
9. Behinderung eines anderen Spielers
10. Auszeit: Wenn der Spieler länger als drei Minuten braucht, um das Spielfeld zu betreten, wenn er einen anderen Spieler ersetzt.

Fiktive Schulen

Alberne Superhelden

Der ungenießbare Mann

Obwohl er nur die Größe eines Marshmallows hat und lecker riecht, schmeckt er absolut eklig. Sobald du ihn in den Mund gesteckt hast, musst du ihn sofort wieder hochwürgen. Dabei wird er aus deinem Mund katapultiert und durch den Raum geschossen, um einen weiteren Tag gegen das Böse zu kämpfen.

Peter-Piper-Picked-A-Peck-Of-Pickled-Pepper Man

„Oh nein, es ist Peter-Piper-Pecked-A-Pick … es ist Peker-Piker-Kicked … nein, es ist Peper-Piper-Peped … Grrrrrr!" Er ist weder schnell noch stark, doch schlimme Schurken verlieren ihre teuflische Begeisterung, wenn sie mit dem komischen Namen dieses Superhelden zu kämpfen haben.

Smile Man

Der Smile Man hat ein absolut entwaffnendes Lächeln. Wenn der Smile Man lächelt, dann lächelt jeder. Selbst übellaunige Bösewichte können dann nicht aufhören, zu grinsen.

Kannst du das bauen?

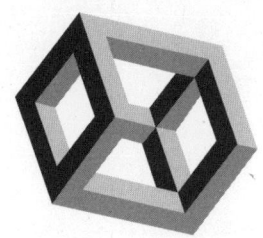

Mach doch mal ein Luftballonschwert

---

1. Blase einen langen, dünnen Luftballon auf. Achte aber darauf, dass er nicht komplett voller Luft ist, sonst kannst du den Ballon nicht verdrehen.
2. Mach einen sicheren Knoten am Ende des Ballons.
3. Um den Griff des Schwertes zu machen, drehe den Ballon etwa 10 cm vom Ende entfernt. Halte ihn gut fest, damit er sich nicht wieder aufdreht.

4. Um das Kreuzstück des Schwertes zu machen, mach zwei weitere Drehungen etwa 8 cm von der ersten entfernt.

5. Drehe die ersten und letzten Umdrehungen zusammen.
6. Wenn du diese Umdrehung mit dem Griff zusammendrehst, kannst du loslassen. Der erste Teil des Kreuzstücks ist nun fertig und wird so bleiben.

7. Mache zwei weitere Drehungen, die wieder 8 cm vom ersten Teil des Kreuzstücks entfernt sind.

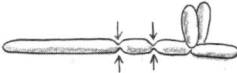

8. Drehe die zweite Drehung um die erste, um den zweiten Teil des Kreuzstücks zu formen.

9. Geschafft! Dein Schwert ist nun einsatzbereit!

Es ist unmöglich, ein Blatt Papier (egal welche Größe) mehr als sieben Mal in der Hälfte zu falten.

Fakten über den Mond

Der Mond hat einen Durchmesser
von 3476 km.
Für die 384 400 km lange Reise von
der Erde zum Mond benötigt ein
Raumschiff etwa zwei Tage. Ein
Flugzeug würde dafür 26 Tage
benötigen.

Der Mond hat keine eigene Hellig-
keit, sondern wird von der Sonne
beleuchtet.

Es gibt dunkle Stellen am Mond, die von früheren Astronomen
fälschlicherweise für Meere und Seen gehalten wurden. Tatsächlich
sind es aber trockene Oberflächenmerkmale, die ihre „Wasser-
namen" behalten haben und zum Beispiel „Meer der Ruhe" und
„See der Qual" heißen.

Schüttelreime

Schüttelreime sind Sätze, bei denen die ersten Buchstaben oder
Laute von Wörtern durch einen Versprecher durcheinandergeraten.

Mäuse lachen	Läuse machen
Hecken zupfen	Zecken hupfen
Lange Schlaufen	Schlange laufen
Nette Phase	Fette Nase
Singender Drache	Dringende Sache
Leise Reiter	Reiseleiter

Die Geschichte des Skateboardens

1950   Gelangweilte Surfer erfinden ein Gerät namens „Truck" – eine Art Surfbrett mit Rädern, das es den Skatern ermöglicht, das Board zu steuern, indem sie einfach ihr Gewicht verlagern.

1958   Die ersten Skateboards werden in einem kleinen Surfshop in Kalifornien, USA, verkauft.

1963   Der erste Skatewettbewerb findet an einer Schule in Hermosa, Kalifornien, statt.

1965   Skateboarden boomt, wird eine Sache für die breite Masse, verliert dann seinen coolen Status und stirbt beinahe aus.

1970   Die Erfindung von „Kicktail"-Boards und Polyurethan-Rädern mit Kugellagern erhöht die Lenkfähigkeit von Skateboards drastisch, und der Sport wird wieder beliebt.

1978   Alan „Ollie" Gelfand macht seinen ersten „Ollie" – einen Skateboard-Sprung, der Ausgangspunkt von fast allen modernen Tricks ist. Skater können nun über Gegenstände springen.

1981   Die erste Ausgabe des Thrasher-Magazins erscheint. Das Magazin ist eine Art Leitfaden für Underground-Skater.

1985   Vertskaten (Skaten auf Rampen und anderen vertikalen Strukturen) und Streetskaten wird beliebt. Professionelle Skater nehmen an Wettbewerben teil und machen das große Geld.

1987   „New-School"-Skaten mit Fokus auf technischen Tricks wird populär.

1990er   Der Schwerpunkt auf Streetskaten und auf neuen Technologien hat Skateboarden zu dem Sport gemacht, der er heute ist.

Hilfe! Ein Werwolf hat mich verflucht!

Nimm deinen Gürtel aus Tierhaut ab, für den Fall, dass er verzaubert ist.
Setze dich auf deine Knie und bewege dich hundert Jahre lang nicht mehr.
Lass dich mit dem Kreuzzeichen begrüßen.
Lass dich dreimal mit deinem vollständigen Namen ansprechen.
Sorge dafür, dass jemand einen Gegenstand aus Eisen nach dir wirft.

Wie du ein Vogelhäuschen bauen kannst

Du benötigst einen langen, offenen Tannenzapfen, gehackte Erdnüsse, Sonnenblumenkerne, Hafer, Rosinen, geriebenen milden Käse, Wasser und eine Schnur.

1. Vermische die Erdnüsse, Sonnenblumenkerne, Hafer, Rosinen und den Käse in einer Schüssel.
2. Füge ein bisschen Wasser hinzu, damit es klebrig wird.
3. Drücke die Mischung in die Lücken des Tannenzapfens.
4. Binde ein Stück der Schnur um den gefüllten Tannenzapfen und hänge ihn in deinen Garten, idealerweise irgendwohin, wo du ihn von einem Fenster aus sehen kannst.
5. Es wird ein bisschen dauern, bis die Vögel ihren Mut zusammennehmen, um dein Vogelhäuschen zu besuchen. Hab etwas Geduld – sie werden kommen.

Zungenbrecher

Sag das mal ganz schnell:
„Fischers Fritze fischte frische Fische.
Frische Fische fischte Fischers Fritze."

Esel oder Robbe?

Komische Dinge, die im Internet verkauft werden

Falsche Zähne (gebraucht)
Eine halb aufgegessene Tafel Schokolade
Ein von einem Promi gekauter Kaugummi
Abgeschnittene Zehennägel
Ein leerer Karton
Eine Flasche Luft
Eine Packung Chips
Das Heiratsversprechen einer Person

Ziemlich eklige Essensrekorde

Größte Sahnetortenschlacht

Die weltgrößte Sahnetortenschlacht fand am 11. April 2000 in Bolton, England, statt. Insgesamt wurden 3320 Sahnetorten von zwei Teams mit jeweils zehn Mitgliedern innerhalb von drei Minuten geworfen.

Rekord im Ketchup-Trinken

Am 23. September 1999 trank Dustin Philips aus den USA fast eine ganze Flasche (396 g) Heinz Tomatenketchup mit einem Strohhalm und brauchte dafür nur 33 Sekunden.

Wie viele Würstchen in einer Minute

Am 13. März 2003 schluckte Cecil Walker aus den USA acht ganze Würstchen hinunter, ohne sie zu kauen. Jede Wurst war 15 cm lang und 2,22 cm breit.

Wie viel Eiscreme in 30 Sekunden

Der Amerikaner Diego Siu hält den Rekord im Eiscreme-Essen. Am 2. März 2003 aß er mithilfe eines Kaffeelöffels 264 g Vanilleeis in nur 30 Sekunden.

Wie viele Kohlsprossen in einer Minute

Dave Mynard aus dem Vereinigten Königreich schaffte es am 10. Dezember 2003, 43 Kohlsprossen in einer Minute zu essen.

Der längste Pfannkuchen-Marathon

Am 24. Oktober 1999 wendete Mike Cuzzacrea über drei Stunden lang durchgehend einen Pfannkuchen in einer Pfanne, während er den 40 km langen New York Marathon lief.

Bist du ein geborener Verbrecher?

Laut den Theorien des Kriminologen Cesare Lombroso aus dem
19. Jahrhundert gibt es 18 wichtige körperliche Anzeichen, die einen
geborenen Verbrecher ausmachen:

- Ein ungewöhnlich kurzer oder langer Körper
- Lange Arme
- Hängende Schultern, aber eine große
  Brust
- Spitze oder stumpfe Finger oder Zehen
- Falten auf der Stirn und im Gesicht
- Schnabelförmige oder flache Nase
- Lange, vorstehende Ohren
- Starkes Kinn
- Hohe Wangenknochen
- Übergroße Schneidezähne
- Kleines oder schwaches Kinn
- Geheimratsecken (Stirnglatze)
- Kleiner Kopf, aber großes Gesicht
- Kleine und gewölbte Stirn
- Fleischige Lippen oder dünne Oberlippe
- Große Augenhöhlen, aber tief liegende Augen
- Beulen am Hinterkopf und um die Ohren
- Buschige Augenbrauen, die sich über der Nase treffen

Klein

Zierlich • Mini • Klitzeklein
Winzig • Zwergenhaft • Miniaturhaft
Mikroskopisch • Baby

Groß

Massiv • Umfangreich • Gewaltig • Riesig
Kolossal • Enorm • Gigantisch • Monster

Ein Grashalm als Musikinstrument

1. Suche einen langen und mindestens 6 Millimeter breiten Grashalm.
2. Nimm den Grashalm zwischen die äußeren Ränder deiner Daumen, die du zusammenpresst, während die Fingernägel in deine Richtung schauen.
3. Du solltest den Grashalm nun in der Lücke unterhalb der Daumengelenke sehen.
4. Drücke deine Lippen auf die Lücke und blase hinein.
5. Wenn du nicht sofort einen Ton hörst, ändere die Position deiner Lippen und des Grashalmes etwas, bis es klappt.

Schwur eines Geheimbundes

„Ich schwöre, die Existenz des Bundes niemals jemandem offenzulegen, ohne diese Person zuerst den geheimen Schwur schwören zu lassen.
Ich schwöre, niemals über die Angelegenheiten des Bundes zu sprechen oder Geheimnisse mit einem anderen Bund zu meinem persönlichen Vorteil auszutauschen.
Ich schwöre, niemals Geheimverstecke oder Codenamen zu verraten.
Ich schwöre auf alles, das am besten geheim gehalten wird.''

Städte mit den meisten U-Bahn-Linien

Doppelgänger im echten Leben

Nachahmer

Eine Person, die deine Stimme und/oder Angewohnheiten nachmacht.

Double

Jemand, der einen Schauspieler in gefährlichen oder unangenehmen Szenen ersetzt.

Politischer Lockvogel

Eine Person, die eingesetzt wird, um sich als Politiker auszugeben. Dadurch lenkt er die Aufmerksamkeit der Menschen auf sich und der echte Politiker geht kein Risiko ein.

Echter Doppelgänger

Eine lebende Person, die einem Promi, Politiker und einer anderen Person zum Verwechseln ähnlich sieht.

Doppelgänger aus dem Volksglaube

Doppelgänger aus der Mythologie

Ein Geist, der genauso aussieht wie du, der jedoch keinen Schatten wirft und kein Spiegelbild hat.

Schattenmann

Eine schwarze, menschenähnliche Silhouette, die weder Mund noch Augen besitzt. Sie erscheint am Rande deines Sichtfeldes und verschwindet, sobald du sie bemerkst.

Böser Zwilling

Existiert in einer anderen Dimension, kommt jedoch hin und wieder mithilfe eines Portals in deine Welt. Wenn du ihn zu Gesicht bekommst, bist du in Gefahr.

Die Augen eines Riesenkraken können bis zu 40 cm Durchmesser erreichen.

Zum Musical gemacht

Das Sinken der RMS Titanic . . . . *Titanic*
Die britische Premierministerin
Margaret Thatcher . . . . *Thatcher: The Musical*
Talk-Show *Jerry Springer* . . . . *Jerry Springer: The Opera*
Internationaler Kirschkern-
Spuckwettbewerb . . . . *Spittin' Distance*
Der elektrische Stuhl . . . . *Fields of Ambrosia*

Fakten zur Sonne

- Die Sonne ist ein Stern, der sich im Zentrum unseres Sonnensystems befindet.
- Sie ist eine riesige Kugel aus Wasserstoff und Helium.
- Die Erde ist 150 Millionen Kilometer von der Sonne entfernt.
- Die Sonne ist über eine Million Mal so groß wie die Erde.
- Alle Planeten in unserem Sonnensystem, darunter auch die Erde, umkreisen die Sonne.
- Der Durchmesser der Sonne ist 400 Mal größer als der Durchmesser unseres Mondes. Die beiden sehen nur deshalb gleich groß aus, weil die Sonne 400 Mal weiter von uns entfernt ist.
- Die Temperatur des Sonnenkerns liegt bei etwa 16 600 000°C.
- Die Wärme und das Licht der Sonne ermöglicht fast alles Leben auf der Erde.
- Der Sonne wird eine Lebensdauer von etwa 10 Milliarden Jahre vorhergesagt. Im Moment ist sie etwa 4,5 Milliarden Jahre alt.

Ungewöhnliche Zitrusfrüchte

Ugli-Frucht • Buddhas Hand
Dekopon • Rauschalige Zitrone
Bitterorange • Kumquat
Limequat • Pomelo • Ponkan
Limette • Natsumikan

Ein Kamelhaarpinsel wird aus Eichhörnchenfell hergestellt.

Wie du einen Limerick verfasst

Ein Limerick ist ein Gedicht mit einem ganz besonderen Schema. Limericks erzählen fast immer eine Geschichte und beginnen meistens mit „Es war mal …" und bestehen aus fünf Zeilen. Die erste, zweite und fünfte Zeile haben jeweils acht Silben. Dabei sollten sich die letzten Silben jeder Zeile reimen. Die dritte und vierte Zeile haben jeweils fünf Silben und einen anderen Reim.

1. Denke an eine Person, über die du gerne schreiben würdest. Schreibe nun einen Satz mit acht Silben, der mit dem Namen dieser Person endet. Zum Beispiel:

   Es war mal ein Bub namens Tom,

2. Finde nun so viele Wörter wie möglich, die sich mit dem Namen reimen, und suche dir eins davon aus. Setze dieses ans Ende der zweiten achtsilbigen Zeile, damit deine Geschichte weitergeht.

   Der lebte weit, weit weg in Rom.

3. Schreibe nun die nächsten beiden Zeilen. Denke daran, dass diese aus fünf Silben bestehen und einen anderen Reim bilden.

   Er mochte die Stadt,
   den Wald, jedes Blatt.

4. Finde nun ein Ende für deinen Limerick. Die letzte Zeile hat wieder acht Silben und sollte sich wieder mit den ersten beiden Zeilen reimen.

   Und besuchte recht gern den Dom.

Intelligente Tiere

1. Mensch
2. Schimpanse
3. Gorilla
4. Orang-Utan
5. Pavian
6. Gibbon
7. Affe

8. Wal
9. Delfin
10. Elefant
11. Schwein
12. Hund
13. Katze
14. Oktopus

Der gefürchtete Krake

Seeleute, nehmt euch in Acht vor dem sagenumwobenen Seeungeheuer, dem Kraken!
Der riesige, runde Rücken des Monsters sieht aus wie eine Insel. Vor euch sind schon viele Seeleute, die des Meeres überdrüssig waren und nach trockenem Land suchten, zu der vermeintlichen Insel gerudert. Und als sie sich abends zur Ruhe legten und ein Feuer machten, weckten sie damit den gefürchteten Kraken. Die unglücklichen Seeleute wurden daraufhin von dem Seemonster unter Wasser gezogen. Niemand weiß, was der Krake dort mit ihnen machte.

Die Zukunft im Apfelkern

Halbiere einen Apfel. Die Anzahl der Kerne sagt dir, was die Zukunft bringt.

Ein Kern. . . . . .Glück
Zwei Kerne . . . . .Heirat
Drei Kerne. . . . . .Wohlstand
Vier Kerne . . . . Reisen
Fünf Kerne. . . . . Gesundheit
Sechs Kerne. . . . . .Weisheit
Sieben Kerne. . . . . Ruhm

Zeichne die Formen nach

Diese Formen können alle mit einer einzigen durchgängigen Linie nachgezeichnet werden, ohne dass du deinen Stift absetzen oder eine Linie zweimal zeichnen musst:

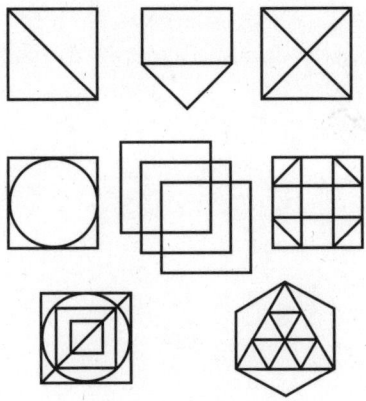

Die Pole

Die Nord- und Südpole sind jene Punkte, an denen die Rotationsachse der Erde auf die Erdoberfläche trifft.

Der Nordpol

Der Nordpol wird auch geografischer Nordpol genannt und befindet sich im Arktischen Ozean. Egal, in welche Richtung du von dort aus läufst, du läufst immer Richtung Süden.

Neben dem geografischen Nordpol gibt es auch den magnetischen Nordpol. Das ist der Ort, zu dem alle magnetischen Kompasse zeigen. Der magnetische Nordpol ist allerdings nicht derselbe Punkt wie der geografische Nordpol.

In den Sommermonaten hat der Nordpol 24 Stunden lang Tageslicht, während es in den Wintermonaten 24 Stunden lang dunkel ist.

Der Südpol

Der Südpol wird auch geografischer Südpol genannt und befindet sich in der Antarktis. Egal in welche Richtung du von dort aus läufst, du läufst immer Richtung Norden.

Einige Hundert Meter vom geografischen Südpol entfernt befindet sich der zeremonielle Südpol. Das ist eine Gegend, an der man problemlos Fotos machen kann.

Obwohl die Eiskappe am Südpol etwa 3000 Meter dick ist, schmilzt das Eis aufgrund von globaler Erwärmung immer mehr. In den vergangenen 50 Jahren gingen sogar mehr als 13 000 Quadratkilometer an Meereis in der Antarktis verloren.

Surfersprache

Dawn Patrol . . . . Wenn du früh aufstehst, um morgens surfen zu gehen

Regular(-Footer) . . . . Wenn du auf dem Brett mit dem linken Fuß vorne stehst

Goofy(-Footer) . . . . Wenn du auf dem Brett mit dem rechten Fuß vorne stehst

Kook . . . . Bezeichnung für einen Möchtegernsurfer

Dude . . . . Anrede für andere Surfer, ähnlich wie Kumpel, Mann

Beachbreak . . . . Wenn die Wellen gleichmäßig an einem Strand brechen

Pointbreak . . . . Wenn die Wellen immer von derselben Stelle zur Seite brechen

Gnarly . . . . Wenn die Wellen sehr unruhig sind

Shredding . . . . Surfen wie ein Profi

Aerial . . . . Wenn du mit deinem Board über einer Welle in die Luft springst

Wicked Drop-in . . . . Wenn du die Welle eines anderen Surfers stiehlst

Insane . . . . Alles, was cool ist

Stoked . . . . Ausdruck, wenn du unglaublich glücklich bist

Surfed out . . . . Wenn du Erholung brauchst

Zu viel Fernsehen

Glotzaugen • Fernsehfreak •
Viereckige Augen • Stubenhocker
Couch Potato • Fernsehjunkie

Verflucht

Der Fluch des Pharaos

Es heißt, der Fluch des Pharaos bestraft alle, die es wagen, die Totenruhe eines alten ägyptischen Pharaos zu stören. Der Fluch traf 1922 ein Team von Archäologen, das die Grabstätte des Pharaos Tutanchamun öffnete. Innerhalb von sechs Jahren nach Entdeckung der Grabstätte waren alle zwölf Archäologen tot, einschließlich des Schirmherrn der Expedition, Lord Carnarvon, der nur 47 Tage nach Betreten des Grabes starb.

Der Hope-Diamant

Der Hope-Diamant war ein Teil der französischen Kronjuwelen, die Marie-Antoinette bei ihrer Hinrichtung getragen hatte. Inzwischen glaubt man, dass der Diamant verflucht ist, denn bisher sind alle Besitzer des Diamanten ums Leben gekommen – sei es durch Selbstmord oder bei Unfällen.

Alte römische Flüche

Um ihren Feinden zu schaden, schrieben die alten Römer die Flüche auf sogenannte Fluchtafeln, damals bekannt als „tabulae defixiones". Diese legten sie dann in ein Grab oder eine heilige Quelle.

Der Fluch des Tecumseh

Zwischen 1840 und 1960 starben sämtliche US-Präsidenten, die in einem Jahr gewählt wurden, das durch zwanzig geteilt werden kann. Grund dafür ist angeblich ein Fluch, der vom Indianerhäuptling Tecumseh im Jahr 1811 ausgesprochen wurde, als General William Henry Harrison den Indianerhäuptling in einer Schlacht besiegte. Harrison starb nur einen Monat, nachdem er Präsident wurde, an einer Erkältung. Der Fluch wurde erst von Ronald Reagan gebrochen, der 1980 Präsident wurde und 1981 nur knapp ein Attentat überlebte.

Die Sprache von Schwindlern

Schwindel oder Betrug. . . . . Der Versuch,
jemanden reinzulegen

Trickbetrüger. . . . . .Der Hochstapler

Ziel . . . . Das Opfer

Lockvogel. . . . . Der Komplize eines Trickbetrügers,
der als Teil des Schwindels so tut,
als wäre er ein ganz normales
Mitglied der Öffentlichkeit

Wie du eine Wasseruhr baust

Hier ist eine einfache Methode, wie du aus einer Plastikflasche und einem Papierbecher ein Zeitmessgerät bauen kannst. Das ist eine überlebenswichtige Fähigkeit, wenn du mal in der Wildnis auf dich alleine gestellt bist.

1. Schneide den oberen Teil einer 2-Liter-Plastikflasche ab (etwa 8 cm von oben weg).
2. Klebe einen Streifen Abdeckband senkrecht auf die Außenseite der Flasche. Das brauchst du später, um den Wasserstand einzeichnen zu können. Du kannst den Wasserstand natürlich auch direkt auf die Plastikflasche zeichnen.
3. Mach ein kleines Loch in den Boden eines Papierbechers und platziere den Becher in die Öffnung, die du gerade in die Flasche geschnitten hast.
4. Jetzt musst du die Minuten einzeichnen. Halte dafür eine Stoppuhr bereit und fülle den Becher mit Wasser. Die Stoppuhr startest du in dem Moment, indem du das Wasser in den Becher leerst.

5. Markiere nun nach jeder Minute den Wasserstand auf dem Abdeckband. Achte darauf, dass der Papierbecher immer mindestens halb voll ist, damit kontinuierlich Wasser in die Flasche fließt.
6. Sobald die Flasche voll ist und du alle Markierungen gemacht hast, kannst du die „Uhr" verwenden, um die Zeit zu messen.

Echte Teile eines Schweizer Messers

Lange Klinge • Kurze Klinge • Korkenzieher • Dosenöffner
Kleiner Schraubenzieher • Flaschenöffner • Zange
Pinzette • Taschenlampe • Schere

Teile eines Schweizer Messers, die noch nicht erfunden wurden

Dietrich • Enterhaken • Erbsenwerfer • Industrieller Laser
Abhörgerät • Mini-Angelrolle • Universalfernbedienung
Digitales Diktiergerät • Unsichtbare Tinte • Teleskop

Symmetrische Wörter

Wenn du eine waagrechte Linie durch die Mitte der folgenden Wörter ziehst, ist die Oberseite ein Spiegelbild der Unterseite:

EBBE	DICK	DECK
ICH	HOCH	HIEB
BOX	CODE	BEIDE

Rekordverdächtig alt

Venusmuschel . . . . 200 Jahre alt
Mensch. . . . . 122 Jahre alt
Elefant. . . . . 78 Jahre alt
Riesenschildkröte . . . . 75 Jahre alt
Pferd. . . . . 62 Jahre alt
Hund . . . . 29 Jahre alt
Maus. . . . . 4 Jahre alt

Ist das wirklich Kunst?

Unter einigen der wichtigsten modernen Kunstwerke befindet sich
zum Beispiel:

Ein Pissoir
Ein Ziegelsteinhaufen
Ein ungemachtes Bett
Ein Mülleimer
Eine schwarze
Leinwand
Ein halbiertes Schaf
Eine verpackte
Hundehütte
Ein leerer Raum mit
einer Glühbirne,
die ständig an und
aus geht

Wie du dir selbst einen Kompass machst

Du brauchst eine Schale voll mit Wasser, eine 0,5 Zentimeter dicke Scheibe eines Korkens, einen Magneten und eine Nadel.

1. Lege den Korken in die Wasserschale.
2. Magnetisiere die Nadel, indem du sie über den Magneten reibst. Wiederhole das fünfzig Mal in dieselbe Richtung.
3. Lege die Nadel auf den Korken.
4. Die Nadel wird sich nun langsam an den magnetischen Nord- und Südpolen der Erde ausrichten.

Die lautesten Geräusche, die ein Mensch je gemacht hat

Knöchelknacken . . . . 108 Dezibel,
Bob Hatch, USA,
17. Mai 2000

Rülpser . . . . 118,1 Dezibel,
Paul Hunn, Vereinigtes Königreich,
5. April 2000

Schrei. . . . . 129 Dezibel,
Jill Drake, Vereinigtes Königreich,
22. Oktober 2000

Mein Familienstammbaum

1. Schreib deinen Namen an den unteren Rand eines großen Blattes Papier.
2. Wenn du Brüder oder Schwestern hast, schreib ihre Namen neben deinen. Die älteren Geschwister kommen dabei links und die jüngeren rechts von dir.
3. Ziehe von jedem Namen aus eine senkrechte Linie nach oben. Achte darauf, dass die Linien alle gleich lang sind, dann verbinde sie am oberen Ende mit einer waagrechten Linie.
4. Zeichne nun eine senkrechte Linie von der Mitte der waagrechten Linie nach oben. Am oberen Ende dieser Linie ziehst du dann eine weitere waagrechte Linie.
5. Schreibe den Namen deines Vaters auf die linke Seite der Linie und den Namen deiner Mutter auf die rechte. Dein Familienstammbaum sollte nun etwa so aussehen:

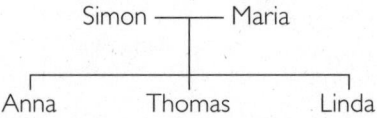

6. Schreibe nun links von deinem Vater die Namen seiner Geschwister und rechts von deiner Mutter ihre Brüder und Schwestern. Achte dabei darauf, dass du die Namen wie bei deinen Geschwistern wieder nach dem Alter anordnest.
7. Verbinde die Namen in der Familie deines Vaters, indem du von jedem Namen aus eine kurze senkrechte Linie nach oben ziehst und diese mit einer waagrechten Linie miteinander verbindest.
8. Ziehe nun von der Mitte der waagrechten Linie eine senkrechte Linie zu den Namen seiner Eltern (deinen Großeltern väterlicherseits). Das machst du auf dieselbe Art und Weise, wie du deine eigenen Eltern eingezeichnet hast.
9. Nun mach dasselbe für die mütterliche Seite deiner Familie.

10. Setze dieses Modell weiter fort, um deinen Familienstammbaum so weit wie möglich zu ergänzen. Du kannst auch deine Verwandten bitten, dir zu helfen, alle Namen herauszufinden. Wenn du möchtest, kannst du auch noch die Geburtsdaten aller Personen hinzufügen.

Selbst gebastelte Instrumente

Trommeln

Spanne mit Gummibändern verschiedene Materialien (wie Plastiktüten oder Luftballons) eng über verschieden große Töpfe. Zum Schlagen kannst du einen Salatlöffel verwenden.

Maracas (Rumba-Rasseln)

Befülle eine Plastikflasche oder Teedose mit Reis, Kieselsteinen, Kaffeebohnen oder Sand. Wenn du Döschen mit Vitamintabletten hast, kannst du direkt losspielen.

Becken

Schlage einfach zwei Topfdeckel aneinander.

Xylofon

Fülle Gläser oder Glasflaschen unterschiedlich hoch mit Wasser und stelle sie der Reihe nach auf, beginnend mit dem Glas, das am wenigsten voll ist. Klopfe nun mit einem Stift auf jedes Glas, um unterschiedliche Töne zu produzieren.

Bienenstiche vermeiden

1. Versuche nie, eine Honigbiene totzuschlagen. Bienen sind eigentlich sehr friedliche Tiere, sofern sie nicht genervt oder bedroht werden. Sie stechen normalerweise nur zu, um sich selbst zu verteidigen.

2. Verwende kein Parfüm. Bienen mögen Blumen, die gut riechen. Wenn du nicht gut riechst, fliegen sie weg.

3. Trage Tarnfarben. Bienen sehen sehr schlecht und können dich nicht erkennen, wenn du tagsüber helle und nachts dunkle Farben trägst.

4. Mähe niemals den Rasen. Das brummende Geräusch von motorisierten Gartengeräten kann Schwärme, Bienenstöcke und Kolonien aufwühlen.

5. Lauf nicht barfuß im Gras. Vor allem wenn Klee blüht, solltest du nicht ohne Schuhe herumlaufen. Bienen lieben blühenden Klee.

6. Wenn dir eine Biene direkt ins Gesicht fliegt, beweg dich schnell in die entgegengesetzte Richtung. Wachbienen, die an den Grenzen des Territoriums ihres Bienenstocks patrouillieren, fliegen Eindringlingen gerne ins Gesicht, um sie zu warnen.

7. Bleib drinnen, bis die Sonne untergeht. Bienen schlafen nach Einbruch der Dunkelheit.

Geschwindigkeit, mit der du die Luft bewegst

Einatmen . . . . 6 km/h
Schnuppern . . . . 30 km/h
Husten . . . . 100 km/h
Niesen . . . . 160 km/h

Zurückgezogene Hurrikan-Namen

Alle Hurrikane erhalten einen Namen aus einer langen Liste. Wenn ein Hurrikan außergewöhnlich viel Schaden anrichtet, wird der Name zurückgezogen und nicht wiederverwendet. Darunter befinden sich:

Allison • Floyd • Georges • Keith
Iris • Lenny • Michelle

Spontane menschliche Selbstentzündung

Im Laufe der Geschichte gab es zahlreiche dokumentierte Fälle, in denen Menschen ohne ersichtlichen Grund in Flammen aufgegangen waren. Die folgenden Beweise lassen es so aussehen, als wären die Opfer von innen heraus verbrannt:

- Nur der Körper weist Verbrennungen auf.
- Die Kleidung ist kaum angesengt, und entflammbare Gegenstände, die sich in der Nähe befinden, weisen keine Brandspuren auf.
- Teile des Körpers, wie z. B. ein Arm oder ein Fuß, bleiben unversehrt.
- Der Oberkörper erleidet meist schwere Verbrennungen. In manchen Fällen bleibt auch nur Asche zurück.
- Ein schmieriger Rußbelag bedeckt die Decke und Wände.

Natürlich gibt es auch Theorien für spontane menschliche Verbrennung, die aber wenig überzeugend sind:

- Aufbau statischer Elektrizität
- Brennbares Körperfett
- Die Kurzschließung der elektrischen Felder des Körpers
- Eine explosive Kombination verdauungsfördernder Chemikalien
- Hoher Alkoholgehalt im Körper

Die längsten Haare überhaupt

Längste Augenbrauen. 7,81 cm,
Franklin Ames, USA
Längste Beinhaare. . . . . 12,4 cm,
Tim Stinton, Australien
Längste Ohrhaare. . . . . 13,2 cm,
Radhakant Bajpai, Indien
Längster weiblicher Bart . . . . 27,9 cm,
Vivian Wheeler, USA

Streichholzrätsel

Welche neun Streichhölzer müssen entfernt werden, damit nur noch vier Quadrate übrigbleiben? Die Quadrate können auch unterschiedlich groß sein, es muss aber jedes Streichholz Teil eines Quadrates sein.

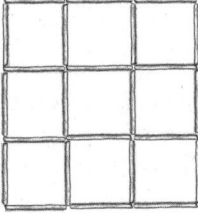

Lösung auf Seite 150

Das Wasserrat(t)e-Spiel

Du kannst dieses Spiel in einem Swimmingpool, See oder aber auch im Meer spielen. Das sind die Regeln:

1. Such dir einen Gegner und stellt euch Rücken an Rücken hüfthoch im Wasser auf.
2. Entscheidet, wer von euch die Wasserratte und wer der Wasser-rater ist.
3. Bei drei taucht ihr beide unter. Die Ratte schwimmt dann einen Zug entweder nach rechts oder nach links. Der Rater schwimmt gleichzeitig einen Zug in die Richtung, in die die Ratte seiner Meinung nach schwimmen wird.
4. Wenn ihr euch umdreht und euch auf derselben Seite befindet, dann hat der Rater richtig geraten und erhält den Punkt. Wenn ihr aber in unterschiedliche Richtungen geschwommen seid, dann hat die Ratte den Rater überlistet und die Ratte erhält den Punkt.
5. Wer von euch beiden nach drei Runden die meisten Punkte hat, darf die Rolle der Ratte übernehmen.

Die Abseitsregel im Fußball

Die Abseitsregel wird als die komplizierteste Regel im Fußball gesehen. Es heißt, nur richtige Fußballfans verstehen diese Regel.

Sobald ein angreifender Spieler näher an der gegnerischen Torlinie ist als sowohl der Ball als auch der letzte verteidigende Spieler, ist er in einer Abseitsposition. Der Tormann wird dabei allerdings nicht mitgezählt.

Der Spieler wird jedoch nur dann dafür bestraft, in einer Abseitsposition zu sein, wenn sein Team in dem Moment, in dem der Ball von einem seiner Mitspieler an ihn gespielt wird, durch die Abseitsposition einen Vorteil erhält.

Wenn sich der Verteidiger mit Absicht nach vorne bewegt, um einen angreifenden Spieler ins Abseits zu stellen, nennt man das „Abseitsfalle".

Es ist allerdings kein Verstoß, wenn der Spieler im Abseits den Ball direkt nach einem Abstoß, Einwurf oder Eckball erhält.

Wenn du mitten in deinem Raumschiff in der Schwerelosigkeit stecken bleibst und weder den Boden noch die Decke oder Wände erreichen kannst, musst du nicht verzweifeln. Zieh dir einfach einen Schuh aus und wirf ihn durch die Kabine. Dadurch bewirkst du, dass der Schuh mit gleich großer, aber entgegengesetzter Kraft auf dich reagiert. Du wirst also zurückgetrieben. Und je stärker du den Schuh wirfst, desto schneller wirst du in die entgegengesetzte Richtung katapultiert.

Peinliche Momente in der Schule

- Deine Mama gibt dir einen Abschiedskuss am Schultor.
- Deine Schwester folgt dir und ruft dich mit dem Familienspitznamen.
- Du wirst im Sportunterricht als Letzter ins Team gewählt.
- Es stinkt in der Toilette. Alle reden davon und du bist dafür verantwortlich.

Berühmte letzte Worte

Der Wissenschaftler
Im 19. Jahrhundert überprüfte der britische Chirurg Joseph Henry Green seinen eigenen Puls, verkündete „Gestoppt" und starb.

Der Dichter
Der deutsche Dichter Heinrich Heine konnte der Welt seine letzte Botschaft nicht mehr mitteilen, denn seine letzte Worte waren „Schreiben … schreiben … Bleistift … Papier."

Der Dramatiker
Der norwegische Dramatiker Henrik Ibsen hörte, wie seine Krankenschwester einem Besucher erzählte, dass es ihm besser ginge. „Im Gegenteil", murmelte Ibsen und starb.

Der Schauspieler
Hollywoods Haudegen Douglas Fairbanks verkündete fröhlich: „Ich habe mich noch nie besser gefühlt." Kurz darauf starb er.

Der Philosoph
Der deutsche politische Philosoph Karl Marx wurde von seinem Dienstmädchen gefragt, ob er noch letzte Worte hätte. Er antwortete: „Hinaus! Letzte Worte sind für Narren, die noch nicht genug gesagt haben."

Der geistreiche Mensch
Angeblich waren die letzten Worte von Oscar Wilde: „Entweder geht diese scheußliche Tapete – oder ich."

> Du kannst dich selbst nicht davon abhalten, dich zu übergeben, indem du dir den Mund zuhältst. Das Erbrochene wird dir stattdessen einfach bei der Nase rausschießen.

Wie du nicht von einem Eisbären gefressen wirst

1. Bären hassen Lärm. Wenn du also einen Bären in deiner Nähe siehst, schreie so laut du nur kannst, um ihn von dir fernzuhalten.
2. Wenn ein Eisbär sich dir nähert, reagiere immer auf eine nicht-bedrohliche Art und Weise. Schaue auf den Boden, vermeide Augenkontakt und weiche langsam zurück.
3. Wenn der Bär sich dir weiterhin nähert, weiche nicht von der Stelle, halte deine Arme über deinen Kopf (oder besser noch deinen Mantel), um dich größer wirken zu lassen, und mache noch mehr Lärm.

Gefälschte Harry-Potter-Bücher in China

Harry Potter und die Porzellanpuppe
Harry Potter und der Leopardendrache
Harry Potter und die Goldene Schildkröte
Harry Potter und die Kristallvase

Der altgriechische Mathematiker Hero erfand in Alexandria einen Verkaufsautomaten. Die Münze fiel auf einen Hebel, der ein Ventil öffnete und eine kleine Menge an Weihwasser freigab.

Kleidergrößen rund um die Welt

Frauengrößen

Amerikanisch	8	10	12	14	16	18
Britisch	10	12	14	16	18	20
Europäisch	38	40	42	44	46	48

Männergrößen

Amerikanisch	36	38	40	42	44	46
Britisch	36	38	40	42	44	46
Europäisch	46	48	50	52	54	56

Kindergrößen

Amerikanisch		4	6	8	10	12	14
Britisch							
	Größe	36	38	40	42	44	46
	Alter	4–5	6–8	9–10	11	12	13
Europäisch							
	Größe	125	135	150	155	160	165
	Alter	7	9	12	13	14	15

Südamerikanische Wanderameisen haben keine Nester. Sie sind ständig auf Achse und suchen unterwegs nach Futter. Alles, was sich auf ihrem Weg befindet, darunter auch Tiere, wird lebend gefressen.

Ein Glühbirnenproblem

Du befindest dich in einem Raum mit drei Lichtschaltern, die mit 1, 2, 3 gekennzeichnet sind. Einer der Lichtschalter steuert eine Glühbirne, die du nicht sehen kannst, weil sie sich in einem anderen Raum befindet. Alle drei Lichtschalter sind abgeschaltet und die Glühbirne ist aus. Du kannst jeden Lichtschalter so oft und so lange betätigen, wie du möchtest. Du kannst dann in den anderen Raum gehen und ein einziges Mal die Glühbirne überprüfen. Wie findest du heraus, welcher Lichtschalter mit der Glühbirne verbunden ist?

Schalte den Lichtschalter 1 für 10 Minuten ein, dann schalte ihn wieder aus. Schalte den Lichtschalter 2 ein und gehe sofort, um die Glühbirne zu überprüfen. Wenn sie heiß ist, ist der Lichtschalter 1 der richtige. Wenn sie an ist, ist Lichtschalter 2 der richtige. Wenn sie aus und kalt ist, dann ist der Lichtschalter 3 der richtige.

Weihnachtsessen aus aller Welt

Türkei. . . . . Gesalzener trockener Karpfen mit Pellkartoffeln

Transsilvanien. . . . . Krautwickel

Russland. . . . . Fleischknödel

Schweden . . . . Gebackener Schinken, Rollmops, Lutefisk und Milchreis

Polen. . . . . . Rote-Bete-Suppe, Pflaumenklöße, Karpfen

Großbritannien . . . . Gebratene Gans

Deutschland. . . . . Karpfen oder Gans

USA . . . . Gebratener Truthahn

Ein Jahr im All

Ein Planet benötigt genau ein Jahr, um einmal die Sonne zu umrunden.

Planet	Entfernung von der Sonne (Millionen km)	Länge des Jahres (in Erdtagen)
Merkur	58	88
Venus	108	225
Erde	150	365
Mars	228	687
Jupiter	779	4333
Saturn	1432	10 750
Uranus	2884	30 707
Neptun	4509	60 202

Wirklich lange Wanderungen

Die mittelalterliche Pilgerreise
Mittelalterliche Pilger wanderten 1600 km von Frankreich nach Spanien, um den Reliquienschrein in der spanischen Stadt Santiago de Compostela zu erreichen.

Der Appalachian Trail
Dieser 3487 km lange Weg durch die Appalachen in Amerika ist der längste Wanderweg der Welt.

Die Seidenstraße

Im Jahr 100 v. Chr. reisten Seidenhändler 6000 km entlang der Seidenstraße von China ins kaiserliche Rom.

Die Chinesische Mauer

Diese alte Festungsanlage zieht sich 2400 km durch glühend heiße Wüsten, Berge und gefährliche Wälder und ist auch als „längster Friedhof der Erde" bekannt.

Wie wässrig ist denn das?

Eine Tomate . . . . .95 Prozent
Eine Kartoffel . . . . .80 Prozent
Ein Mensch . . . . .75 Prozent
Ein Brotlaib . . . . .35 Prozent

Begrüßungen in verschiedenen Ländern

Japan . . . . . . Verbeugung ab der Taille, Handflächen auf
den Oberschenkeln, Fersen zusammen
Frankreich . . . . Ein Kuss auf beide Wangen
Maoris von Neuseeland . . . . . Ein Berühren der Nasen
Großbritannien . . . . .Ein Handschütteln
Indien . . . . Mit zusammengepressten
Handflächen (wie beim Beten),
eine Verneigung oder ein Nicken

Die Entstehung der Kontinente

Die Struktur der Erde ermöglicht es uns, Theorien darüber aufzustellen, wie unsere heutigen Kontinente entstanden sind.

Vor 3 Milliarden Jahren	gab es nur einen einzigen Kontinent namens Ur.
Vor 2,5 Milliarden Jahren	teilte sich Ur in die beiden Kontinente Ur und Arctica.
Vor 2 Milliarden Jahren	teilten sich Ur und Arctica in Ur, Arctica, Baltica und Atlantica.
Vor 1,5 Milliarden Jahren	formten sich Arctica und Baltica zu Nena zusammen. Die Kontinente waren also Nena, Ur und Atlantica.
Vor 1 Milliarde Jahren	formten Nena, Ur und Atlantica den Kontinent Rodinia.
Vor 700 Millionen Jahren	teilte sich Rodinia wieder in Nena, Atlantica und Ur.
Vor 300 Millionen Jahren	fügten sich Nena, Atlantica und Ur wieder zu einem Kontinent zusammen: Pangäa.
Vor 200 Millionen Jahren	teilte sich Pangäa schließlich in die uns bekannten Kontinente: Afrika, Antarktis, Australien, Europa, Asien sowie Nord- und Südamerika.

Die größten Risiken in der Raumfahrt

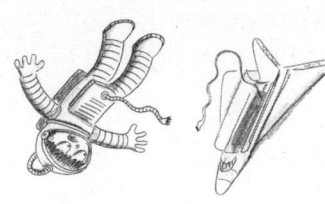

- Während eines Weltraumspazier-
  gangs vom Schiff getrennt werden
- Während des Starts ohnmächtig
  werden
- Eine Bruchlandung auf einem
  luftlosen Planeten hinlegen
- Von einem Meteor getroffen werden
- Strahlung ausgesetzt sein
- Bei Wiedereintritt in die Erdatmosphäre verglühen

Einsteins Puzzle

Es gibt drei Drachen, Dudley, Delilah und Dave. Jeder von ihnen hat eine eigene Höhle – die Höhlen sind mit den Zahlen 1, 2 und 3 (von links nach rechts) nummeriert. Jeder Drache hat eine Lieblingsrockband (Die Schuppigen Sänger, Die Geflügelten Wunder, Die Feuerspeier) und eine Lieblingseissorte (Vanille, Erdbeere und Schokolade). Basierend auf den folgenden Informationen, welcher Drache liebt Schokoladeneiscreme und welcher Drache hört Die Schuppigen Sänger?

- Dudley liebt Vanilleeis.
- Delilahs Lieblingsrockband sind Die Feuerspeier.
- Der Drache, der in der linken Höhle lebt, ist Fan von Die Geflügelten Wunder.
- Dudley und Delilah trennt eine Höhle.
- Der Fan von Die Schuppigen Sänger lebt nicht links vom Erdbeereisliebhaber.

ANTWORT: Delilah liebt Schokoladeneis. Dave hört Die Schuppigen Sänger.

Handschattenspiel

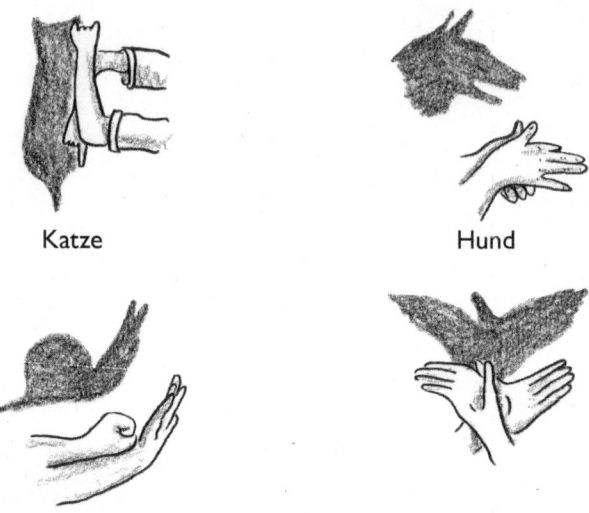

Katze

Hund

Schnecke

Vogel

Galileos Schiff

Stell dir vor, du befindest dich in einer Kabine unter Deck eines Schiffes. Bei dir hast du: zwei Goldfische in einem Glas, einen Ball und ein Räucherstäbchen. Wenn das Schiff vor Anker liegt, schwimmen die Goldfische problemlos und munter im Glas umher, der Ball fällt direkt aus deiner Hand auf den Boden und der Rauch des Räucherstäbchens steigt in die Luft. Aber was passiert, wenn sich das Schiff geradeaus und in einem gleichmäßigen Tempo fortbewegt? Ändert sich dann etwas?

Antwort: Nein. Alles, was sich im Schiff befindet, darunter auch die Luft, bewegt sich in der gleichen Geschwindigkeit.

Turmspringen

Rückwärts
Der Springer steht mit dem
Rücken zum Wasser, wenn
er abspringt.

Hechtsprung
Flach angesetzter Kopfsprung
mit gestrecktem Körper,
an der Taille leicht gebeugt,
jedoch nicht bei den Knien.

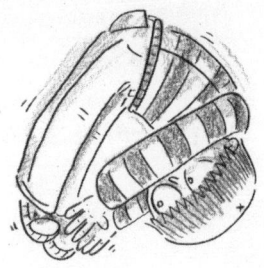

Layout
Der Körper ist kerzengerade.

Hocksprung
Der Körper rollt sich zu
einem Ball zusammen, die
Knie werden zum Kinn
gezogen und die Fersen
gegen die Rückseite der
Beine gedrückt.

Wassereintritt
Der Springer muss gerade und
kräftig eintauchen, damit beim
Eintauchen möglichst wenig
Wasser aufspritzt.

Der welthöchste Sprung, ein doppelter Rückwärtssalto aus 54 m,
wurde im Jahr 1987 vom Schweizer Springer Oliver Favre in
Villers-le-Lac, Frankreich, durchgeführt.

Im Jahr 1998 sprang der Schweizer Springer Frederic Weill von
einem Helikopter in den Lago Maggiore in Italien. Der 26-Meter-
Sprung umfasste einen Absprung auf den Händen und einen
doppelten Hechtsalto.

Den höchsten je durchgeführten Flachsprung hat Danny Higginbot-
tom am 8. September 2004 in Louisiana, USA, gemacht. Er sprang
aus einer Höhe von 8,95 m in 30 cm tiefes Wasser.

Kamelbuckel enthalten nicht, wie oft geglaubt, Wasser, sondern speichern Fettgewebe, das in Wasser umgewandelt werden kann. Dadurch können Kamele zwei Wochen ohne Trinken und bis zu einem Monat ohne Essen überleben.

Ägyptische Hieroglyphen

Die alten Ägypter schrieben mithilfe von Hieroglyphen – einer Schrift, die aus Bildern besteht. Es gibt nur wenige Anhaltspunkte, wie die Ägypter diese Wörter ausgesprochen haben, aber hier sind ein paar Hieroglyphen, die man in etwa mit den Buchstaben unseres Alphabets übersetzen kann (es gibt kein vergleichbares Zeichen für den Buchstaben „x").

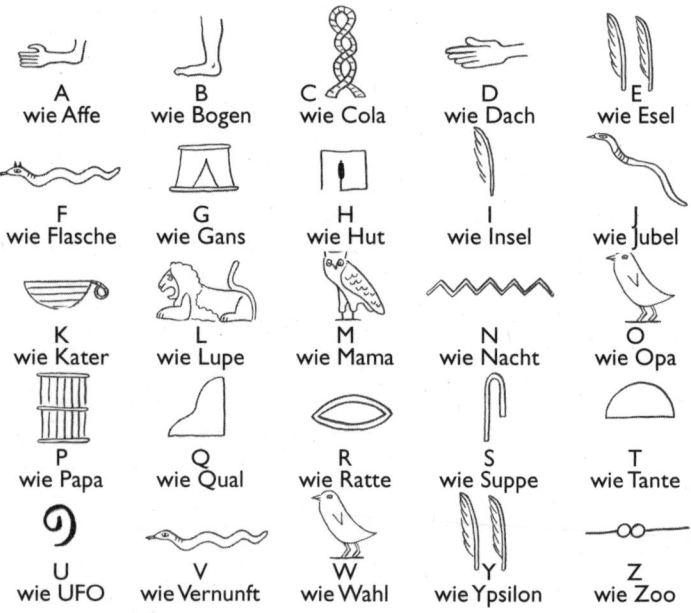

A wie Affe · B wie Bogen · C wie Cola · D wie Dach · E wie Esel

F wie Flasche · G wie Gans · H wie Hut · I wie Insel · J wie Jubel

K wie Kater · L wie Lupe · M wie Mama · N wie Nacht · O wie Opa

P wie Papa · Q wie Qual · R wie Ratte · S wie Suppe · T wie Tante

U wie UFO · V wie Vernunft · W wie Wahl · Y wie Ypsilon · Z wie Zoo

Wie -phil bist du?

„-phil" ist das Gegenteil von „-phob" und bedeutet „liebend".

Turophil...................................Käse
Hippophil...............................Pferde
Ophiophil............................Schlangen
Nyctophil...........................Dunkelheit
Hoplophil..............................Waffen
Xylophil................................Holz
Logophil..............................Wörter
Technophil.........................Technologie
Klaustrophil........................Enge Räume
Thalassophil...........................Meere
Frankophil.........................Frankreich
Bibliophil.............................Bücher

Arten von Feuerwerken

Leuchtkugel • Mini-Minen • Mini-Bombetten • Böller • Jacks
Kegel • Helikopter • Flieger • Ufos • Schlangen • Racer
Flaschenraketen • Feuerräder • Kracher

Wo liegt der Unterschied?

Indische und Afrikanische Elefanten
Der Afrikanische Elefant ist größer als der Indische Elefant und hat größere Ohren. Der Afrikanische Elefant hat zwei Lippen auf seinem Rüssel, der Indische Elefant hat nur eine.

Stalagmiten und Stalaktiten
Diese eiszapfenförmigen Säulen entstehen über Tausende von Jahren, indem Wasser durch die Decke einer Kalksteinhöhle tropft und mineralische Ablagerungen zurücklässt. Stalagmiten wachsen vom Boden hinauf, während Stalaktiten von der Decke der Höhle nach unten wachsen.

Internet und das WWW (World Wide Web)
Das Internet ist ein riesiges Netzwerk, in dem jeder Computer mit jedem anderen Computer kommunizieren kann, solange beide mit dem Internet verbunden sind.
Das World Wide Web ist nur eine Möglichkeit, auf Informationen im Internet zuzugreifen. Es verwendet eine Rechner-Programmiersprache namens HTTP. Diese ist nur eine der vielen Sprachen, die im Internet verwendet wird.

Coca-Cola und Pepsi-Cola
Coca-Cola wurde 1886 erfunden, gefolgt von Pepsi im Jahr 1898. Man geht davon aus, dass der Name Coca-Cola von den Kokablättern und Kolanüssen kommt, die für die Herstellung verwendet werden. Pepsi erhielt seinen Namen nach der wohltuenden Wirkung, die es anscheinend gegen eine Art von Bauchschmerzen namens Dyspepsie hat.

Ein Knotentrick

Dies ist ein nützlicher Trick, wenn du mal eine Wette gewinnen willst. Sag deinen Freunden, sie sollen einen Knoten in ein Stück Schnur machen, ohne dabei die Enden loszulassen. Wetten, dass sie es nicht schaffen? Mithilfe dieser Anleitung kannst du ihnen dann zeigen, wie man es richtig macht!

1. Leg eine Schnur auf einen Tisch und verschränke deine Arme. Achte darauf, dass eine Hand auf dem anderen Arm liegt, während du die andere Hand unter die Achsel steckst.

2. Halte diese Position, lehne dich nach vorne und nimm zuerst das eine und dann das andere Ende der Schnur.

3. Nun öffne einfach deine Arme. Lass dabei die Schnur nicht los.

4. Fertig! In der Mitte der Schnur ist jetzt ein ordentlicher Knoten.

Wie du in einem schicken Restaurant essen solltest

- Setz dich gerade hin und achte immer darauf, die Ellbogen nicht auf dem Tisch abzustützen.
- Sei höflich zu den Kellnern. Es ist nicht cool, Leute herumzukommandieren.
- Warte immer darauf, bis alle ihr Essen serviert bekommen haben, bevor du zu essen beginnst.
- Achte immer darauf, dass du zuerst das Essen in deinem Mund hinunterschluckst und du dir den Mund mit einer Serviette abwischst, bevor du einen Schluck Wasser trinkst.
- Wenn du mit dem Essen fertig bist, leg deine Serviette auf den Tisch, falte sie aber nicht.

Dinge, die du lieber nicht tun solltest ...
- Kau keinen Kaugummi während des Essens und rülpse nicht am Tisch.
- Nimm nie deinen Suppenteller in die Hand und trink davon.
- Lecke nie dein Messer ab.
- Und spuck unter keinen Umständen Essen aus, das dir nicht schmeckt, egal wie furchtbar es ist.

Die größten Länder

Russland . . . . 17 075 200 km²
Kanada . . . . 9 976 140 km²
China . . . . 9 596 960 km²
USA . . . . 9 372 610 km²
Brasilien . . . . 8 511 965 km²
Australien . . . . 7 686 850 km²

Auf der ganzen Welt gleich lang

Meter

Ein Meter war ursprünglich eine französische Maßeinheit. Damals hieß es, dass ein Meter ein Zehnmillionstel der Entfernung vom Nordpol zum Äquator ist, wenn die Strecke auf einer geraden Linie entlang der Erdoberfläche durch Paris gemessen wird. Heute ist ein Meter jedoch die Entfernung, die ein Licht in einem Vakuum in 1/299 792 458 einer Sekunde zurücklegt.

Faden

Seefahrer haben die Tiefe des Wassers mithilfe eines langen, beschwerten Seils namens Lotleine gemessen. Ein Faden war dabei die Länge des Seils, die ein Mann zwischen seinen ausgebreiteten Armen halten konnte, während er es aus dem Meer zog. Ein Faden ist 1,8 Meter lang.

Meile

Römische Soldaten zählten ihre Schritte, um so den Überblick über die Entfernungen, die sie zurückgelegt hatten, zu behalten. Ein Schritt war ein doppelter Tritt. Eine Meile waren tausend Schritte – auf Lateinisch mille passus – oder auch 1,5 Kilometer.

Namen von Eidechsen

Alectrosaurus . . . . .Unverheiratete Echse
Deinodon. . . . . .Schrecklicher Zahn
Gasosaurus . . . . .Benzinechse
Nanosaurus. . . . . .Zwergechse
Quaesitosaurus. . . . . Außergewöhnliche Echse
Saichania. . . . . Schöne Echse
Ultrasaurus .Gigantische Echse
Xenotarsosaurus. . . . . Echse mit sonderbarem Fuß

Hexenzauber

Feuer sprühe, Kessel glühe!
Spart am Werk nicht Fleiß noch Mühe!
…
Sumpf'ger Schlange Schweif und Kopf
Brat' und koch' im Zaubertopf:
Molchesaug' und Unkenzehe;
Hundemaul und Hirn der Krähe;
Zäher Saft des Bilsenkrauts,
Eidechsbein und Flaum vom Kauz:
Mächt'ger Zauber würzt die Brühe,
Höllenbrei im Kessel glühe!
…
Feuer sprühe, Kessel glühe!
Spart am Werk nicht Fleiß noch Mühe!
…
Abgekühlt mit Paviansblut,
Wird der Zauber stark und gut.

Textogramme

Textogramme sind Wörter, die auf einem Tastenhandy mit derselben Nummernreihenfolge geschrieben werden. Beim SMS-Schreiben kommt es dabei oft zu Fehlern.

258.	alt, Akt, Alu
7463.	sind, Rind
678.	Ort, Ost
4353.	Held, Geld
5266.	Kamm, Lamm
728.	Rat, rau

Flüsse und ihr Weg von der Quelle ins Meer

Der Nil
Quelle: Victoriasee, Ostafrika
Meer: Mittelmeer
Reise: 6695 km

Der Ganges
Quelle: Himalaya-Gebirge
Meer: Indischer Ozean
Reise: 2510 km

Der Amazonas
Quelle: Anden, Peru
Meer: Atlantischer Ozean
Reise: 6275 km

Der Rhein
Quelle: Schweizer Alpen
Meer: Nordsee
Reise: 1320 km

Der Mississippi
Quelle: Lake Itasca, Minnesota
Meer: Golf von Mexiko
Reise: 3705 km

Die Themse
Quelle: Cotswolds, England
Meer: Nordsee
Reise: 340 km

Der Jangtsekiang
Quelle: Kunlun-Gebirge,
Westchina
Meer: Pazifischer Ozean
Reise: 6300 km

Die Donau
Quelle: Schwarzwald, Deutsch-
land
Meer: Schwarzes Meer
Reise: 2850 km

Welcher der beiden Kreise in der Mitte ist der größte?

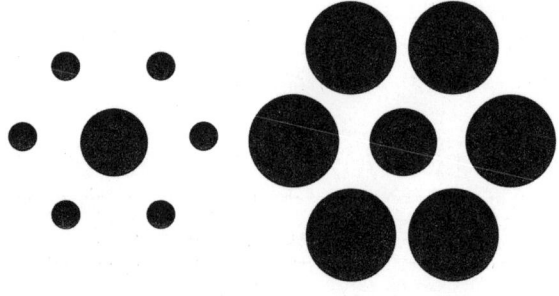

Antwort: Beide Kreise sind gleich groß.

Lustige Wettrennen

Jeder für sich
Eierlaufen: Die Teilnehmer müssen das Rennen beenden, ohne ein hartgekochtes Ei, das sie auf einem Löffel transportieren, fallen zu lassen.

Pfannkuchenlauf: Die Teilnehmer müssen an bestimmten Punkten im Rennen erfolgreich einen Pfannkuchen in einer Pfanne wenden, die sie während dem Laufen nicht absetzen dürfen.

Sackhüpfen: Die Teilnehmer stellen sich mit beiden Beinen in einen Sack und hüpfen oder schlurfen zur Ziellinie.

Zu zweit gegen den Rest
Dreibeinlauf: Die Teilnehmer binden die Innenseite ihrer Beine zusammen und laufen gemeinsam.

Huckepacklauf: Der leichtere Teilnehmer klettert auf den Rücken des schwereren oder stärkeren Teilnehmers und wird von ihm bis zur Ziellinie getragen.
Schubkarrenrennen: Ein Teilnehmer läuft auf seinen Händen, während der andere dahinter folgt und die Beine des Teamkollegen in die Luft hält.

Das Leben auf dem Mars

Wissenschaftler vermuten, dass die Oberfläche des Mars hauptsächlich aus schwarzem Vulkangestein namens Basalt besteht. Dieses Gestein ist übrigens auch auf der Erde zu finden.

Im Dezember 1984 wurde in der Antarktis ein Marsmeteorit gefunden, der den Forschern zufolge Fossile aus mikroskopischen Bakterien enthielt.

Im Jahr 2004 fand die Raumsonde *Mars Express* Methan in der Atmosphäre des Mars. Auf der Erde wird Methan von primitiven Lebensformen ausgestoßen.

Erste Male im Fernsehen

1926   Der schottische Erfinder John Logie Baird gibt in London die erste öffentliche Vorführung eines funktionierenden Fernsehgeräts.

1951   Das erste Farbfernsehprogramm weltweit wird in den USA ausgestrahlt. Es ist eine Musiksendung.

1955   Die erste drahtlose Fernbedienung wird auf den Markt gebracht. Sie trägt den Namen „Zenith Flash-Matic".

1964   Der erste Plasma-Bildschirm wird erfunden.

1967   Das erste Videospiel für ein Fernsehgerät wird auf den Markt gebracht. Es heißt Chase.

1969   Eine Kamera auf der Mondlandefähre stellt eine Live-Fernsehberichterstattung bereit, als Neil Armstrong als erster Mensch der Welt den Mond betritt. Etwa 600 Millionen Menschen sehen sich die Übertragung an.

1975   Sony bringt das Betamax-Aufzeichnungssystem für zu Hause auf den Markt. Das System erlaubt es Kunden, Fernsehsendungen aufzuzeichnen und wieder abzuspielen.

1975   Die Band Queen produziert das erste erfolgreiche Pop-Video. Es ist für ihren Song *Bohemian Rapsody*.

1976   Das japanische Unternehmen JVC bringt das VHS-Aufzeichnungssystem für zu Hause auf den Markt (Betamax war vom Konkurrenten Sony).

1996   Die ersten DVD-Player und DVDs werden in Japan verkauft.

2002   Die Blu-Ray-Disc wird entwickelt.

Spionagecode

Ears Only . . . . Dokumente, die zu geheim sind,
um auf Papier gebracht zu werden

Eyes Only . . . . Dokumente, die man lesen kann,
über die man jedoch nicht sprechen darf

Wet Job . . . . Mordanschlag durch Geheimagenten

Toter Briefkasten . . . . Geheimer Ort, an dem
Botschaften hinterlegt werden

Verdeckte Operationen . . . . . . Geheime Operationen,
zu denen sich niemand bekennt

Maulwurf . . . . . . Ein Agent, der unter Feinden arbeitet
und lebt, um Informationen zu sammeln

Schutzpatrone

Maria Goretti . . . . Mädchen
Johannes Bosco . . . . Jugend
Rochus . . . . Hunde
Franz von Assisi . . . . Tiere
Gabriel von der Schmerzhaften Jungfrau . . Studierende
Amand . . . . Pfadfinder
Joseph von Copertino . . . . Flieger
Fiacre . . . . Taxifahrer
Isidor von Sevilla . . . . Computerprogrammierer
Klara von Assisi . . . . Fernsehen
Barbara . . . . Feuerwerk
Francis de Sales . . . . Lehrer

Die ewig ansteigende Treppe

Antwort zum Streichholzrätsel auf Seite 125

Kannst du Gedanken lesen?

1. Bitte einen Freund, sich mit einem Stapel Spielkarten vor dich hinzusetzen.

2. Nun soll dein Freund eine Karte ziehen – achte darauf, dass er dir die Karte nicht zeigt! Bitte nun deinen Freund, ganz stark an die gezogene Karte zu denken.

3. Schließe deine Augen und versuche, an nichts zu denken. So kann dein Gehirn die telepathische Botschaft deines Freundes leichter empfangen.
4. Sag nun die Zahl und Farbe der ersten Spielkarte, die dir in den Sinn kommt, und schaue, ob du richtigliegst.

Im Mai 2005 machte ein US-amerikanisches Hotdog-Unternehmen einen 22,9 Meter langen Hotdog, der 120 Mal länger als jeder durchschnittliche Hotdog war.

Mittelalterliche Waffen

Ritterschwert . . . Einhändiges, kreuzförmiges Schwert

Schottisches Breitschwert . . . . . . Großes, zweihändiges Schwert, das bei Clan-Kriegen verwendet wurde

Säbel . . . . Krummschwert mit einem großen Handschutz

Keule . . . . Ein- oder zweihändiger Knüppel zum Zerschlagen von Dingen

Streithammer . . . . . . Hammer mit einem stumpfen und einem stacheligen Ende

Spieß . . . . Lange, speerähnliche Waffe, die gegen Angriffe einer Kavallerie eingesetzt wird

Armbrust . . . . . . Große, ungemein kraftvolle Armbrust

Flegel . . . . . . Stacheliger Metallball, der mit einer Kette an einem Griff befestigt ist

Morgenstern . . . . Eine Stange mit einem kugeligen, dornenbesetzten Kopf mit einem langen Dorn am Ende

Das George-Washington-Problem

Als George Washington, der erste Präsident der Vereinigten Staaten von Amerika, noch ein kleiner Junge war, fällte er angeblich den Kirschbaum seines Vaters.

Die Axt, die er damals verwendete, ist heute in einem Museum ausgestellt. Jedoch wurden sowohl der Griff als auch das Beil bereits mehrere Male ersetzt.

Das heißt, es gibt heute keinen Teil der originalen Axt mehr.

Hexen

Im 17. Jahrhundert wurden viele Frauen in Europa und Amerika der Hexerei beschuldigt. Um herauszufinden, ob eine Frau eine Hexe war, wurden ihr rechter Daumen und ihr linker Zeh zusammengebunden. Danach wurde sie in einen Fluss geworfen.

Wenn sie auf dem Wasser trieb, wurde sie für schuldig befunden und hingerichtet. Wenn sie jedoch unterging, wurde sie zwar für unschuldig erklärt, sie starb aber trotzdem.

Eine Frau galt außerdem als Hexe, wenn:
- sie während des Prozesses Angst zeigte
- sie während des Prozesses nicht weinte
- sie ein ungewöhnliches Mal auf ihrem Körper trug
- sie den Stich einer Nadel nicht fühlen konnte
- ein Mitglied ihrer Familie der Hexerei bezichtigt wurde
- sie „hexerisch" aussah

Professionelle Wrestling-Moves

- Arm-Breaker
- Atomic Drop
- Powerslam
- Twist of Fate
- Brainbuster
- Bodyslam
- Death Valley Driver
- Russian Legsweep
- Frankensteiner
- Hurracarana
- Irish Whip
- Facebuster
- Electric Chair Bomb

Vom Menschen geschaffene Gegenstände auf dem Mars

Mars 2	UdSSR, 1971
Viking 1	USA, 1976
Mars Pathfinder	USA, 1997
Mars Polar Lander	USA, 1999
Beagle 2	Europa, 2003
MER B	USA, 2004

Zuckerwatte wird im Vereinigten Königreich
Candy Floss genannt, *Barbe à papa* in Frankreich, *Fairy Floss*
in Australien und *Cotton Candy* in den USA.

Der sechste Sinn der Tiere

Lorenzinische Ampullen
Dieses besondere Organ ermöglicht es Haien, schwache elektrische Impulse anderer Tiere zu erkennen. So können sie ihre Beute auch dann finden, wenn diese sich versteckt hält oder weiter entfernt ist.

Fuß des Schmetterlings
Der Fuß eines Amerikanischen Distelfalters hat besondere Fühler, die es dem Schmetterling ermöglichen, süßes Essen aufzuspüren.

Seitenlinienorgane
Fische verwenden diese Sinnesorgane, um Veränderungen im Wasserdruck zu erkennen und die Bewegungen anderer Tiere zu spüren.

Jacobson-Organ
Mithilfe dieses Organs können Schlangen ihre Beute „erschmecken". Durch die gespaltene Zunge gelangen chemische Stoffe aus der Luft in den Mund der Schlange. Dort liegt auch das Jacobson-Organ.

Monopoly-Rekorde

Das längste gegen die Schwerkraft
gespielte Spiel (an der Decke gespielt) . . . 36 Stunden
Das längste in einer Badewanne
gespielte Spiel . . . . 99 Stunden
Das längste in einem Lift gespielte Spiel . . . . . . 16 Tage
Das längste unter Wasser gespielte Spiel. . . . . . 45 Tage
Das längste je gespielte Spiel. . . . . 70 Tage

Bei einer Haartransplantation wird ein Fleck behaarter Kopfhaut vom Kopf entfernt. Danach werden einzelne Härchen oder Haarbüschel von diesem Fleck entnommen und wieder an die Kopfhaut angenäht, um die kahle Stelle abzudecken.

Ein ethisches Problem

Ein führerloser Zug rast in die Richtung von fünf Menschen, die an

Eisenbahngleise gebunden sind. Du kannst sie retten, indem du einen Hebel ziehst, der den Zug auf eine Nebenstrecke leitet. Leider ist eine einzelne Person auf der Nebenstrecke angebunden. Wirst du den Hebel ziehen?

Internationale Vorwahlnummern

Antarktis	+672	Niederlande	+31
Australien	+61	Österreich	+43
Deutschland	+49	Polen	+48
Frankreich	+33	Spanien	+34
Griechenland	+30	Schweiz	+41
Italien	+39	Vereinigtes Königreich	+44
Mongolei	+976	USA	+1

Wie du jemanden beleidigen kannst und damit davonkommst

Diese nützlichen Beleidigungen kannst du in allen möglichen Situationen verwenden. Deine Familie, Freunde und Lehrer werden von deinem beeindruckenden Wortschatz so fasziniert sein, dass du dafür nicht mal in Schwierigkeiten gerätst.

Zuwider – ekelhaft:
„Das Zimmer meines Bruders ist mir zuwider."

Töricht – sehr dumm:
„Das war eine törichte Sache."

Senil – geistig nicht mehr sehr leistungsfähig:
„Er ist so senil, dass es mich wundert, dass er überhaupt noch etwas weiß."

Perfide – hinterlistig:
„Deine Ausreden sind wirklich perfide."

Einfältig – blöd, dumm:
„Ich bin es deiner einfältigen Scherze leid."

Animos – böse, übelwollend, feindselig:
„Du bist heute besonders animos."

Übel riechend – stinkend:
„Dein Hund ist der übel riechendste, den ich je getroffen habe."

Dilettant – Amateur, Laie:
„Er ist ein ziemlicher Dilettant."

Infantil – kindisch:
„Wie infantil von ihr, so etwas zu sagen."

Impertinent – dreist, frech:
„Wie impertinent von ihm, uns so zu beleidigen."

Die Goliath-Vogelspinne, eine Art Tarantel, die im südamerikanischen Dschungel lebt, wird als größte Spinne der Welt verzeichnet. Sie hat eine Beinlänge von etwa 28 cm.

Abschiedsgruß

Auf Wiedersehen   Tschöö
Tschüss   Servus
Tschau   Baba
Bis bald   Ade